GOTT ZU GEFALLEN

Die schönsten Klöster, Kirchen und Kathedralen in Deutschland, Österreich und der Schweiz

Weltbild

Zu Beginn unserer abendländischen Zeitrechnung waren Christen eine verfolgte Minderheit, die ihren Gottesdienst versteckt abhalten musste. Erst um das Jahr 313 wurde unter Konstantin dem Großen das Christentum offiziell anerkannt und damit der Weg geebnet, dass die Gläubigen ihrer Überzeugung offensichtlichen Ausdruck verleihen konnten in Form von Sakralbauten – um Gott zu Gefallen und den Menschen zur Freude.

So widmen sich Christen seit 1700 Jahren einer Bauaufgabe, die in unserem Kulturkreis wie keine andere Zeugnis ablegt von der Spiritualität der Menschen, von ästhetischen Vorlieben, handwerklich-technischen Fortschritten, gesellschaftlichen Gepflogenheiten, aber auch von einer tief greifenden Symbolik. Denn seit jeher ist die Kirche ein Sinnbild für das himmlische Jerusalem.

Kirchen-, Bau- und Kulturgeschichte verdichten sich im deutschsprachigen Kulturraum zu einem ästhetischen Reichtum, der diese Dokumentation großartiger Beispiele der Sakralarchitektur zu einem Augenschmaus macht. Aus der Überfülle die schönsten Klöster, Kirchen und Kathedralen in Deutschland, Österreich und der Schweiz auszuwählen war eine Herausforderung.

So unterschiedlich die Funktionen, so reichhaltig die architektonische Gestaltgebung: Legt man eine Zeitachse durch die Stilgeschichte, so reihen sich an Kirchen aus frühchristlicher Zeit Bauten der Karolinger und Ottonen aus dem Frühmittelalter, gefolgt von Beispielen romanischer und gotischer Kirchen bis hin zu prachtvollen Gotteshäusern der Renaissance, des Barock und des Klassizismus. Und die Moderne und Postmoderne belegen, dass selbst in Zeiten zunehmender Säkularisierung das Bemühen, für die Gemeinschaft Gottes bauliche Versinnbildlichungen zu schaffen, bis heute nicht erlahmt ist. Zuweilen scheint es fast so, als ob die Baukunst selbst zu einem Magnet geworden ist, der Scharen von Pilgern anzuziehen vermag.

Der vorliegende opulente Bildband lädt mit rund 600 faszinierenden Farbfotos und prägnant formulierten Texten dazu ein, uns ihnen anzuschließen, um die individuellen, regionalen und kunsthistorischen Besonderheiten von über 200 Kirchen- und Klosterbauten in den deutschen Bundesländern, in Österreich und der Schweiz zu entdecken.

In barocker Pracht thront Stift Melk über dem rechten Donauufer in Niederösterreich. Die heutigen Gebäude mit der Klosterkiche wurden im frühen 18. Jahrhundert errichtet.

Oben: Blick über die Altstadt von Bamberg mit ihren zahlreichen Kirchen. Von links: Obere Pfarre, Dom, im Hintergrund Michaeliskirche, rechts vorne das alte Rathhaus.

Bilder auf den vorherigen Seiten:

Seiten 2/3: In Anlehnung an Sainte-Chapelle in Paris wurde das Kirchenschiff der Marienbasilika in Kevelaer in leuchtenden Farben ausgemalt. Seiten 4/5: Aufwendige Wand- und Deckenmalereien aus dem 19. Jahrhundert schmücken die Innenräume des romanischen Kaiserdoms von Königslutter.
Seiten 6/7: Die frühgotische zisterziensische Formensprache ist in der einstigen Klosterkirche von Ebrach – heute katholische Pfarrkirche Mariä Himmelfahrt – trotz klassizistischer Überarbeitung noch klar zu erkennen.
Seiten 8/9: Vom Rokoko-Baumeister Dominikus Zimmermann wurden die üppigen Stuckaturen im Chorraum der Wieskirche geschaffen.

Oben: Glanzvoller Höhepunkt des Klassiszismus: Deutscher und Französischer Dom am Gendarmenmarkt in Berlin-Mitte.

SCHLESWIG-HOLSTEIN UND HAMBURG

Mächtige Backsteinkirchen – zumeist im Stil der Romanik oder der Gotik – drücken dem Land zwischen Ost- und Nordsee ihren Stempel auf. Innen warten die Sakralbauten Schleswig-Holsteins und Hamburgs mit bedeutenden Kunstschätzen auf. Der Bordesholmer Altar im Dom zu Schleswig etwa ist ein Meisterwerk europäischer Holzschnitzkunst. Das älteste Chorgestühl Norddeutschlands lässt sich im Ratzeburger »Löwendom« bestaunen, einem imposanten Zeugnis romanischer Backsteinarchitektur. Einen Kontrapunkt dazu setzt Hamburg mit seinem barocken »Michel«.

An der Obertrave in Lübeck bietet sich ein wunderschöner Blick auf den sogenannten Malerwinkel mit seinen Giebelhäusern und Türmen. Die Marienkirche (Bildmitte) und die Petrikirche (rechts) gehören zum Ensemble der »sieben Türme« in der Altstadt.

Mit seinem 112 Meter hohen Turm ist der Dom St. Petri das Wahrzeichen von Schleswig. Der Turm wurde erst im 19. Jahrhundert erbaut und der bereits vom 13. bis 15. Jahrhundert errichteten gotischen Halle hinzugefügt. Einzelne Bauteile des Doms verweisen auf einen romanischen Vorgängerbau. So etwa betritt man den Dom durch das romanische Petriportal von 1180. Innen beeindrucken das Chorgestühl (1512), das Marmorgrabmal des Dänenkönigs Friedrich I. (1552) und die Bronzetaufe von 1480. Die bedeutendste Sehenswürdigkeit ist der spätgotische Bordesholmer Altar von Hans Brüggemann, der seit 1666 im Dom zu bewundern ist. Seinen Namen erhielt dieses Meisterwerk europäischer Holzschnittkunst, weil der Künstler es ursprünglich für das Augustinerchorherrenstift in Bordesholm schuf. Zum Dom gehört auch ein 1310 bis 1320 erbauter Kreuzgang, der »Schwahl«.

Der Turm des Doms St. Petri dominiert die Silhouette von Schleswig (links, im Vordergrund die Schlei). Prunkstück des Doms ist der von 1514 bis 1521 von Hans Brüggemann geschaffene Bordesholmer Altar. Der zweiflügelige Klappaltar aus Eichenholz ist zwölf Meter hoch und weist fast 400 Schnitzfiguren auf. In 22 Szenen wird hier die Passionsgeschichte Jesu bis zu Christi Himmelfahrt erzählt (großes Bild).

LÜBECK

Die Marienkirche in Lübeck wurde 1159 gegründet und 1250 bis 1280 als Backsteinbasilika nach dem Vorbild des Lübecker Doms errichtet. Nach einem Stadtbrand erfolgte der Umbau zu einer frühgotischen Halle ohne Querschiff mit einem Westturm. Vor ihrer Vollendung wurden Ende des 13. Jahrhunderts nochmals die Baupläne geändert. Die Kirche wurde nun zu einer Kathedrale mit dreischiffigem Umgangschor und Kapellenkranz nach französischen Vorbildern umgestaltet. Diese neue Variante übersetzte den hochgotischen französischen Kathedraltyp in den norddeutschen Backsteinbau und wurde damit zum Vorbild für den gesamten Ostseeraum. Die enorme Höhe der Kirche (fast 40 Meter) und ihr monumentales Westwerk sind ein Symbol des Wohlstands und der Macht der Hansestadt Lübeck. Zusammen mit der Altstadt ist die Kirche Teil des UNESCO-Weltkulturerbes.

Als Sitz des Propstes thront die Marienkirche auf dem höchsten Punkt der Lübecker Altstadt (ganz links). Bruchstücke von Glocken erinnern an die Zerstörung des Gotteshauses bei der Bombardierung Lübecks 1942 (links). Beim Wiederaufbau wurde die ursprüngliche gotische Raumwirkung wiederhergestellt. Unten: Blick in das ungewöhnlich hohe Hauptschiff mit Chor (links) und der großen Orgel (rechts).

LÜBECK

Heinrich der Löwe setzte 1173 den Grundstein zu dieser romanischen Kreuzbasilika. Sie war nach dem Ratzeburger Dom der zweite monumentale Sakralbau aus Backstein. Die Kirche wurde bald zu klein: 1230 wurde das »Paradies«, eine große Vorhalle, angefügt. 1266 bis 1335 entstand aus der Basilika eine gotische Hallenkirche – ein Bautypus, der für Deutschlands Gotik typisch ist. In der Mitte des 14. Jahrhunderts ließ Bischof Heinrich II. Bocholt einen gotischen Kathedralchor anfügen. Mit 130 Meter Länge ist der Lübecker Dom nun eine der längsten Backsteinkirchen weltweit. Der Kreuzgang sowie ein Großteil der Inneneinrichtung wurden im Zweiten Weltkrieg nicht zerstört. Neben dem Triumphkreuz und dem Lettner aus dem 15. Jahrhundert sind die Marienstatuen sehenswert. Die ältere, mit sternenbesetzter Krone, entstand 1450; die jüngere wurde 1509 geschnitzt.

Großes Bild: Die Türme des Lübecker Doms prägen die Altstadt, die zum UNESCO-Weltkulturerbe gehört. Ganz rechts: Das majestätisch anmutende Triumphkreuz des Lübecker Malers Bernt Notke war ursprünglich mit 72 Figuren bestückt und ist als Lebensbaum gestaltet.

RATZEBURG

Der Ratzeburger Dom, ab 1160 als dreischiffige gewölbte Pfeilerbasilika mit einem wuchtigen Turm errichtet, zählt zu den eindrucksvollen Zeugnissen romanischer Backsteinarchitektur in Norddeutschland. Er wurde von Heinrich dem Löwen als Bischofskirche des Bistums Ratzeburg gestiftet und ist einer der vier »Löwendome« (die anderen drei stehen in Schwerin, Lübeck und Braunschweig). In der zweiten Hälfte des 13. Jahrhunderts wurden der Kreuzgang und das Kapitelhaus des Prämonstratenserklosters angebaut. Im Innern sind der warme Rotton des Backsteins und die weiß verputzten Gewölbe prägend. Außerdem finden sich hier einige Kunstschätze: das älteste Chorgestühl Norddeutschlands (um 1200), eine geschnitzte Renaissancekanzel (1576), das Triumphkreuz mit Maria und Johannes aus spätromanischer Zeit (um 1260) sowie der barocke Hochaltar (1629).

Auf dem höchsten Punkt der Ratzeburger Altstadtinsel steht eine der ältesten Backsteinkirchen Norddeutschlands (großes Bild). Hohe Sakralkunst: der geschnitzte spätgotische Flügelaltar mit einer wertvollen Passionstafel (um 1439) im Mittelteil (ganz rechts).

DOM

DOM

St. Michaelis ist eine der schönsten Barockkirchen im Norden Deutschlands und der 132 Meter hohe Turm mit der größten Kirchenuhr Deutschlands das Wahrzeichen Hamburgs. So verwundert es nicht, dass das mehrfach niedergebrannte Gotteshaus immer wieder aufgebaut wurde – zuletzt nach dem historischen Vorbild von 1762 als Zentralbau mit kreuzförmigem Grundriss. Der 27 Meter hohe Innenraum mit freitragender Decke und geschwungenen Emporen ist hell gehalten und mit Gold verziert. Über 2500 Menschen finden hier Platz, nicht nur zum Beten, sondern auch zum Hören. Musik wurde in der St.-Michaelis-Kirche schon immer gepflegt. Neben großen Konzerten gibt es die kurze tägliche Andacht, bei der alle drei Orgeln erklingen. Auch in der mit einer weiteren Orgel ausgestatteten Krypta mit dem Grab von Carl Philipp Emmanuel Bach finden Musikaufführungen statt.

Der Erzengel Michael ist der Namenspatron der St.-Michaelis-Kirche, deren Turm (links) mit seiner markanten Kupferhaube im Volksmund »Michel« genannt wird. Vor dem Hauptaltar lenkt eine barock nachempfundene Kanzel mit Schalldeckel und Verkündigungsengel die Aufmerksamkeit auf sich. Links darüber thront auf der Nordempore die Marcussen-Orgel, eine der vier Orgeln des Gotteshauses (unten).

NIEDERSACHSEN UND BREMEN

In Niedersachsen prägt – wie überall in Norddeutschland – die Backsteingotik die Sakralarchitektur. So gelten St. Johannis in Lüneburg und Kloster Wienhausen bei Celle als herausragende Zeugnisse dieser Bauweise. Eine aus Back- und aus Sandstein errichtete gotische Kirche ist der Bremer Dom. Doch auch romanische und barocke Gotteshäuser finden sich in der norddeutschen Tiefebene. Die frühromanische Michaelskirche in Hildesheim wurde Vorbild für viele Sakralbauten der Epoche, St. Trinitatis in Wolfenbüttel zählt zu den bedeutendsten Barockkirchen Deutschlands.

Seiner langen Bauzeit zum Trotz (1290–1490) wirkt der Verdener Dom wie aus einem Guss: Einheitliche Backsteinarchitektur bestimmt die weitgehend im Stil der Gotik errichtete Anlage. Von Süden her zeigt sie sich mit massivem Glockenturm, Giebeln und Maßwerkfenstern.

Mit dem Bau des Bremer Doms wurde bereits 1041 begonnen. Im 13. Jahrhundert wurde die ursprüngliche dreischiffige Pfeilerbasilika im Stil der Frühgotik eingewölbt und erhielt die beiden mächtigen Türme und die Kapellenanbauten. Im 16. Jahrhundert wurden Umbauten im gotischen Stil vorgenommen, allerdings kam dieser Umbau durch den Beginn der Reformation zum Stillstand. Nach bewegten Jahren und einer fast siebzigjährigen Schließung des Gotteshauses kam es zwischen 1888 und 1901 zu einer Renovierung und im Innern zu Ausmalungen nach byzantinischem Vorbild. Am Ende des Zweiten Weltkriegs sorgte der Einschlag einer Bombe in das Nordschiff für Schäden, die durch Wiederaufbauarbeiten und Restaurierungen behoben wurden. Bemerkenswert sind die restaurierten Textilfunde aus mittelalterlichen Bischofsgräbern, die im Dommuseum ausgestellt sind.

Der gotische Dom St. Petri und das Rathaus mit dem »Steinernen Roland« bilden die prächtige Kulisse des Bremer Marktplatzes (großes Bild). Zu den wertvollsten Ausstattungsstücken der Kirche zählt ein wuchtiges und reich verziertes spätromanisches Bronzetaufbecken eines norddeutschen Künstlers aus dem 13. Jahrhundert. Ganz links: Blick vom Chor durch das gotische Hauptschiff auf die Orgel.

In Gebieten, in denen gewachsener Naturstein als Baumaterial rar war, etwa in Norddeutschland und dem Ostseeraum, behalf man sich seit dem 12. Jahrhundert häufig mit Backstein. Die Materialgegebenheiten führten zu einer eigenen Formensprache und der charakteristischen ziegelroten Farbigkeit, die teilweise durch weiß gekalkte Wandflächen kontrastiert wurde: Anstelle von Figurenschmuck kam vor allem gemauerte Ornamentik zum Einsatz. Als eines der herausragendsten Werke dieser sogenannten Backsteingotik in Norddeutschland gilt die Hallenkirche St. Johannis mit ihren fünf Schiffen (1289–1470). Der 1406 errichtete schiefe Turm prägt mit knapp 110 Metern bis heute den Stadtkern der Salzstadt Lüneburg. Der Hauptaltar mit einer von Passions- und Auferstehungsszenen flankierten Kreuzigung Christi stammt aus dem 15. Jahrhundert.

Der Legende nach stürzte sich der Baumeister aus dem Kirchturmfenster, nachdem bekannt wurde, dass der Turm über zwei Meter aus dem Lot geraten war. Heute überragt er die Lüneburger Altstadt (links). Der Schnitzaltar wurde zwischen 1430 und 1485 angefertigt. Rund um die Kreuzigungsszene in der Mitte gruppieren sich Szenen aus dem Leben Christi sowie Apostel und Frauengestalten (großes Bild).

WIENHAUSEN

Herzogin Agnes von Landsberg gründete das Kloster südöstlich von Celle 1230 nach den Regeln des Zisterzienserordens. Seit der Reformation leben dort Konventualinnen, die sich vor allem der Pflege des Kulturguts widmen. Das historische Ensemble ist deshalb weitgehend erhalten. Besonders sehenswert ist der Kreuzgang. Mit seinen original erhaltenen Fresken und den Buntglasfenstern ist er ein Aushängeschild der Backsteingotik. Die St.-Marien-Kirche entstand aus zwei Kirchen: einem romanischen Gotteshaus und einer gotischen Klosterkirche. Nach Umbauten umfasst sie heute zwei Ebenen: den Pilgersaal im Erdgeschoss und den Nonnenchor darüber. Dessen beeindruckende Fresken wurden im 19. Jahrhundert restauriert. Dabei wurde die mittelalterliche Ausmalung zwar zerstört, doch Komposition und Bildprogramm entsprechen dem mittelalterlichen Original.

Fresken zieren Wände und Decken des Nonnenchors (großes Bild). Sie zeigen die Schöpfungsgeschichte und das Leben und Sterben Jesu. Der Konvent steht im rechten Winkel zur Kirche und beeindruckt durch seine gut erhaltenen Backsteinfassaden (links). Unten rechts: Detail eines der großformatigen, farbenprächtigen Bildteppiche aus dem 14./15. Jahrhundert, von denen das Kloster eine wertvolle Sammlung besitzt.

WIENHAUSEN

Ein gotischer Freskenzyklus ziert den Nonnenchor des Klosters Wienhausen. Gezeigt werden Szenen aus der Bibel und der Lebensgeschichte Christi. Den Schlussstein ziert das Lamm Gottes. Als Osterlamm, gekennzeichnet mit der Siegesfahne, ist es ein Symbol für die Auferstehung Jesu Christi.

VERDEN

Die dreischiffige Hallenkirche wurde im Wesentlichen in zwei Bauabschnitten errichtet: Von 1290 bis 1323 entstanden der Hallenumgangschor, das Querhaus und der erste Gewölbeabschnitt des Langhauses; von 1473 bis 1490 wurde das Langhaus fertiggestellt. Teile des Turms (um 1150) sowie die gotische Krypta (letztes Drittel 13. Jahrhundert) und der Kreuzgang (um 1180) sind noch von einem romanischen Vorgängerbau erhalten. Um 1830 wurde das Dominnere zugunsten einer klaren gotischen Formensprache umfassend renoviert und umgestaltet. Im Chorraum steht der romanische Taufstein (13. Jahrhundert). Erhalten blieben auch der aus Eichenholz prächtig geschnitzte Levitenstuhl von 1350, eine Grabplatte des Bischofs Berthold von Landesbergen sowie die beiden Sarkophage von Verdener Bischöfen aus dem Hause Braunschweig-Lüneburg.

Das markante kupferne Satteldach bestimmt das Erscheinungsbild des Städtchens Verden (links). Die Kirche hat den vermutlich ältesten Hallenumgangschor Deutschlands. Das Innere bietet ein einheitliches Gesamtbild mit Rundbögen und Kreuzrippengewölbe. Über dem steinernen Altartisch erhebt sich ein hölzerner, vergoldeter Altaraufsatz, der um 1830 im neugotischen Stil geschaffen wurde (unten).

Die Klosterkirche der Benediktiner wurde zwischen 1010 und 1033 unter Bischof Bernward auf einer Anhöhe errichtet und gilt als Schlüsselwerk der mittelalterlichen Baukunst; sie gehört zum UNESCO-Weltkulturerbe. Die doppelchörige, flach gedeckte Basilika mit ihren zwei Querhäusern ist symmetrisch aufgebaut und besticht durch ihre harmonische Schönheit. Im Langhaus wechseln sich vier Eckpfeiler mit paarweise gekoppelten Rundstützen ab, die erstmals mit Würfelkapitellen geschmückt sind. Dieser sogenannte Stützenwechsel bestimmt Rhythmus und Aufbau der gesamten Kirche und ist eine Erfindung der ottonischen Baukunst. Kunsthistorisch wertvoll sind die bemalte Holzdecke aus dem Jahr 1230, die Wurzel Jesse darstellend, Chorschranken aus dem 12. Jahrhundert und Werke der Gießkunst (Bronzesäule, Bronzetüren), die im Dom aufbewahrt werden.

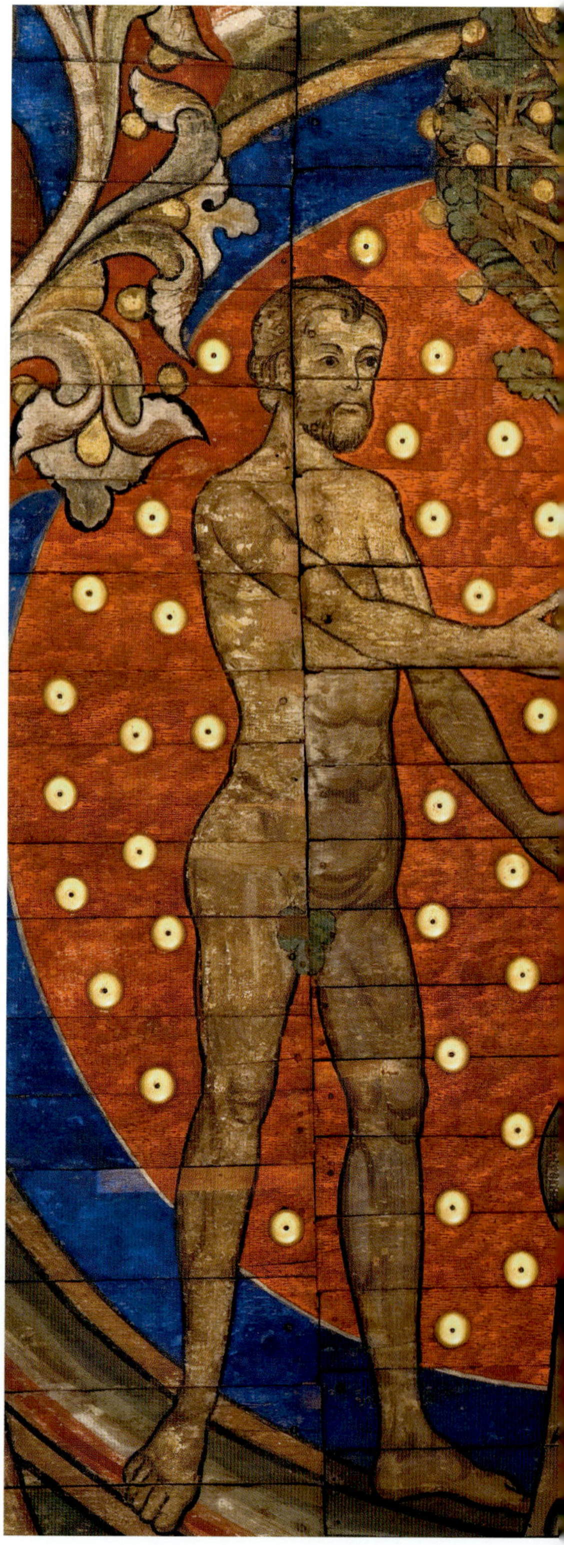

Trutzig erhebt sich das ottonische Bauwerk von St. Michael auf einem Hügel über der Stadt (links). Sein Prunkstück ist die bemalte Holzdecke über dem Mittelschiff, die den »Jesseboom«, den Stammbaum Christi, zeigt. Das um 1230 angefertigte Werk besteht aus 1300 Einzelstücken und gilt als herausragendes Werk romanischer Monumentalmalerei (unten links und rechts). Unten Mitte: Darstellung des Sündenfalls.

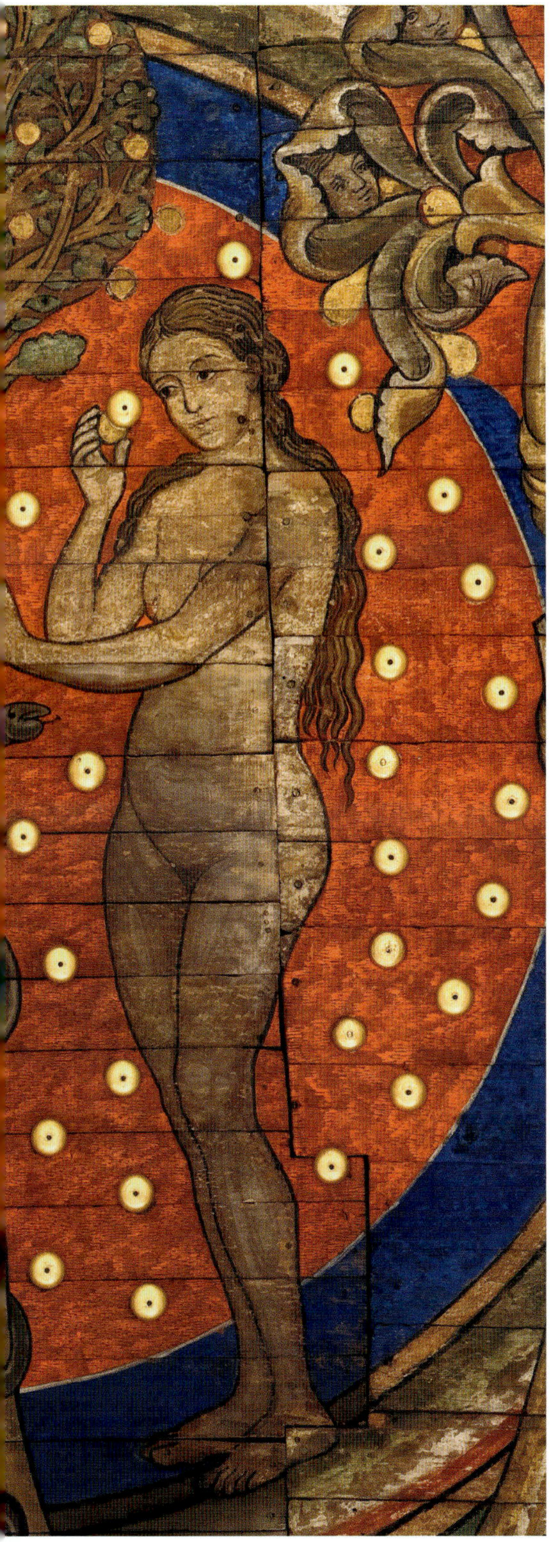

HILDESHEIM

Eine besonders prächtige Version des Bildmotivs des Jessebooms – Wurzel Jesse – zeigt die Decke von St. Michael. Dabei wird der theologische Stammbaum Christi als Baum dargestellt, der aus der Figur des liegenden, schlafenden Jesse, des Vaters von König David, herauswächst.

Das Westwerk türmt sich wehrhaft vor dem Besucher auf, der die Kirche durch eine Zweiflügeltür aus Bronze betritt. Sie entstand um 1015, ist nach ihrem Stifter Bernward benannt und zeigt den ersten Bildzyklus ottonischer Bildhauerkunst in Deutschland. Im Innern erwarten den Besucher kunsthistorische Schätze, etwa die bronzene Christussäule und der romanische Radleuchter als Sinnbild für das himmlische Jerusalem. Das Gotteshaus ist klar strukturiert: Das Vierungsquadrat bildet das Grundmodul des – trotz erheblicher Neu- und Umbauten seit dem 9. Jahrhundert erhalten gebliebenen – Grundrisses der dreischiffigen Basilika mit Querhaus. Die Gründungslegende des Bistums Hildesheim rankt sich um ein Rosenwunder um 815. Zwar nicht tausendjährig, wie der Volksmund sagt, aber doch jahrhundertealt wächst die älteste lebende Rose weltweit an der Apsisaußenwand.

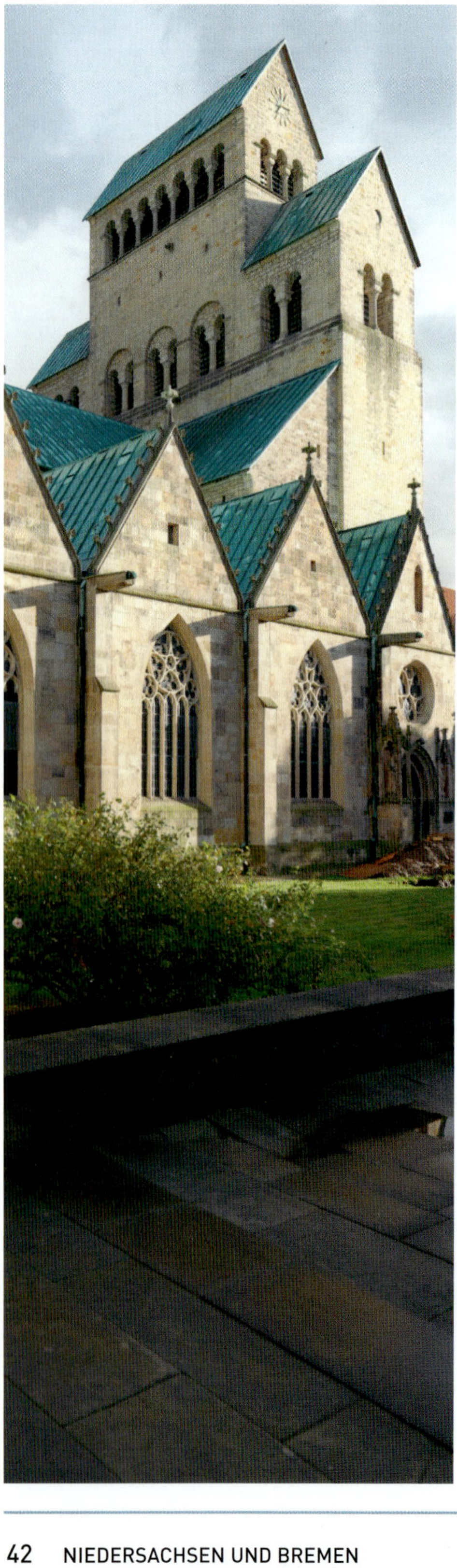

Würfelkapitelle, Rundbogen, Stützenwechsel und offener Holzdachstuhl sind romanische Bauelemente, die im Innenraum auffallen (großes Bild); Spätgotisch ist die Holzfigur der Muttergottes am westlichen Vierungspfeiler (unten), die wegen der auffälligen Attribute »Tintenfassmadonna« genannt wird. Die Bernwardtür (1015) des Westportals zeigt biblische Szenen (links). Unten links und ganz links: Westwerk und Seitenkapellen.

Die dreischiffige, kreuzförmige romanische Pfeilerbasilika wurde ab 1173 von Heinrich dem Löwen errichtet. 1195 wurde er neben seiner zweiten Ehefrau Mathilde hier beigesetzt. Das gemeinsame Grabmal, das die beiden lebensgroß darstellt, wurde um 1230 gestiftet. Über die Jahrhunderte wurde der Dom mehrfach erweitert und umgebaut: Später, im 15. Jahrhundert, kamen die zwei spätgotischen nördlichen Seitenschiffe hinzu, im 19. Jahrhundert die Südapsis sowie die Sakristei und die Taufkapelle. 1845 wurden spätromanische Wandmalereien entdeckt, die freigelegt und restauriert wurden. Bedeutendstes Kunstwerk ist das aus Eichenholz gefertigte Kruzifix des Meisters Imervard (um 1150). Zu den aus romanischer Zeit erhaltenen Kirchenschätzen gehören der aus 77 Einzelteilen gefertigte Bronzeleuchter (1170–1180) und der Marienaltar (um 1180), beides Stiftungen Heinrichs des Löwen.

1845 wurden in Chor, Vierung und Querhaus mittelalterliche Malereien entdeckt, die abgepaust und anschließend restauriert wurden. Diese Fresken waren als zusammenhängende Zyklen konzipiert worden und dienten in den mittelalterlichen Kirchenbauten der Veranschaulichung der christlichen Lehre (unten). Links: Blick auf den abendlich illuminierten Dom. Unten links: Apsis im hohen Chor.

WOLFENBÜTTEL

Herzog Anton Ulrich gab den Auftrag zum Bau der Kirche auf den Grundmauern des alten Kaisertors. Doch als das im Jahr 1700 geweihte Holzgebäude nur fünf Jahre später einem Feuer zum Opfer fiel, war Anton Ulrich zur katholischen Kirche übergetreten, sodass von ihm keine Unterstützung für einen Kirchenneubau mehr zu erwarten war. Erst 1716 nahm sein Sohn August Wilhelm den Wiederaufbau in Angriff und beauftragte den Architekten Hermann Korb, der die Kirche in ihrer heutigen Gestalt mit steinernen Außenmauern und hölzernem Innenraum errichtete. Die Bauarbeiten waren 1757 mit der Fertigstellung der beiden Türme beendet.

Der Innenraum beeindruckt mit zwei Emporenreihen vor allem durch seine Größe. Die farbige barocke Bemalung ist nicht mehr erhalten und wurde durch einen hellen Anstrich ersetzt. Die Kirche wird auch für Konzertveranstaltungen genutzt.

Die Bauform erinnert mit ihren beiden seitlichen Türmen noch an das ehemalige Torhaus, auf dessen Grundmauern sie errichtet wurde (unten links). Im Innern wirkt das einschiffige Gotteshaus geräumig und bietet mit zwei umlaufenden Emporen bis zu 1000 Besuchern Platz (großes Bild). Unten: Blick auf den Kanzelaltar.

BÜCKEBURG

Der verspielte Architekturstil der sogenannte Weserrenaissance zeigt sich an der reich geschmückten Fassade der evangelischen Stadtkirche in Bückeburg. Bauherr war Graf Ernst von Schaumburg. Die dreischiffige Hallenkirche wurde von 1611 bis 1615 aus Sandstein errichtet; der ursprünglich geplante Turm konnte nicht gebaut werden, da sich der Baugrund als nicht tragfähig genug erwies. Das Innere der Kirche wurde mehrfach neu gestaltet und restauriert, zuletzt nach einem Brand im Jahr 1962. Beachtenswert ist das Bronzetaufbecken, das 1613 von Adrian de Vries geschaffen wurde. Weitere Besonderheiten sind die prachtvolle Kanzel sowie die Fürstenloge über dem Eingangsbereich, die vom fürstlichen Wappen Schaumburg-Lippe bekrönt wird. Der Dichter, Theologe und Philosoph Johann Gottfried Herder wirkte zwischen 1771 und 1776 als Prediger in der Stadtkirche.

Mit prächtig geschmückter Fassade zeigt sich die Bückeburger Stadtkirche (rechts und unten). Eine Kostbarkeit ist das Taufbecken aus Bronze (großes Bild), das 1613 vom Bildhauer Adrian de Vries geschaffen wurde. Der Orgelprospekt der ursprünglichen Orgel von 1617 wurde 1965 nach historischen Plänen rekonstruiert (ganz rechts).

ST. TRINITATIS

STADTKIRCHE

Das berühmte Löwenportal, benannt nach den Steinfiguren, auf denen die Säulen eines romanischen Stufenportals ruhen, trägt eine italienische Handschrift. Ein früher Beweis für überregionale Einflüsse wie auch für den Anspruch des Bauherrn: Hier sollten Macht und Können unter Beweis gestellt werden anhand einer in ihren Ausmaßen und Qualität nach sehr imposanten Kirche. Kaiser Lothar III. hatte sie 1135 als Klosterkirche der von ihm gegründeten Benediktinerabtei gestiftet und als Grablege geplant. Es lassen sich zwei Bauphasen unterscheiden: Der Mönchschor mit seiner Schmuckfreude folgt der Bautradition des Klosters Cluny, berühmt durch die von dort im 10. Jahrhundert ausgegangene benediktinische Klosterreform. Chor und Querhaus waren bereits gewölbt. Das flach gedeckte Langhaus und das Westwerk sprechen dagegen eine asketische Sprache.

Die Malereien im Gewölbe des Mönchschors entstanden bei der Restaurierung Ende des 19. Jahrhunderts. Man ließ sich dabei von den Resten der ursprünglichen Fassung anregen. Das Spektrum der Motive reicht von ornamentalen Bemalungen bis zu Allegorien der Tugenden und Christus in der regenbogenfarbenen Mandorla (alle Bilder unten). Links: Kreuzgang. Ganz links: Außenansicht der Pfeilerbasilika.

MECKLENBURG-VORPOMMERN

Ganz im Zeichen der Backsteingotik stehen die Kirchen in Deutschlands nordöstlichstem Bundesland. Ob das Münster von Bad Doberan, die St.-Nikolai-Kirche in Wismar oder der Güstrower Dom – sie alle sind individuelle Ausprägungen jenes im Ostseeraum zur Blütezeit der Hanse vom 13. bis zum 15. Jahrhundert verbreiteten gotischen Baustils. Die Verwendung von rötlichen Ziegeln als Baumaterial bedingt das weitgehende Fehlen von bauplastischen Elementen, was jedoch oft durch Gliederung von Fassaden mit farbig glasierten Ziegeln, Formsteinen und Schaugiebeln kompensiert wird.

Als herausragendes Exemplar der Backsteingotik, in das auch Elemente des romanischen Vorgängerbaus integriert wurden, gilt das Münster von Bad Doberan. Der monastische Ursprung ist der einstigen Zisterzienserklosterkirche außen wie innen noch anzusehen.

Auf dem Domberg, dem höchsten Punkt der Altstadt, erhebt sich der imposante Dom, Schwerins einziges noch erhaltenes mittelalterliches Gebäude. Nach der Verlegung des mecklenburgischen Bistums nach Schwerin 1167 war hier bereits ein Vorgängerbau errichtet worden, der jedoch 1248 durch einen spätromanischen Backsteinbau ersetzt wurde. Als Hort einer kostbaren Reliquie, nämlich eines angeblichen Blutstropfens Christi, entwickelte sich der Dom schnell zu einem bedeutenden Wallfahrtsort. Der wachsende Pilgerstrom erforderte ein größeres Gotteshaus, und so wurde um 1270 mit dem Bau der gotischen Basilika, des heutigen Wahrzeichens der Stadt, begonnen. Nach umfangreichen An- und Umbauten vollendete der nördliche Kreuzgang Ende des 15. Jahrhunderts den mittelalterlichen Sakralbau. Beeindruckend: der Flügelaltar, das Triumphkreuz und die Orgel.

Der Westturm des Schweriner Doms ist mit 118 Metern der höchste Kirchturm Ostdeutschlands (ganz links und unten ganz links). Das Loste-Retabel (großes Bild) mit Szenen aus der Passion Christi ist der Überrest eines gotischen Flügelaltars aus dem 15. Jahrhundert. Das reich verzierte Triumphkreuz von 1420 (links) entstammt der Marienkirche von Wismar. Unten links: Buntglasfenster des Doms.

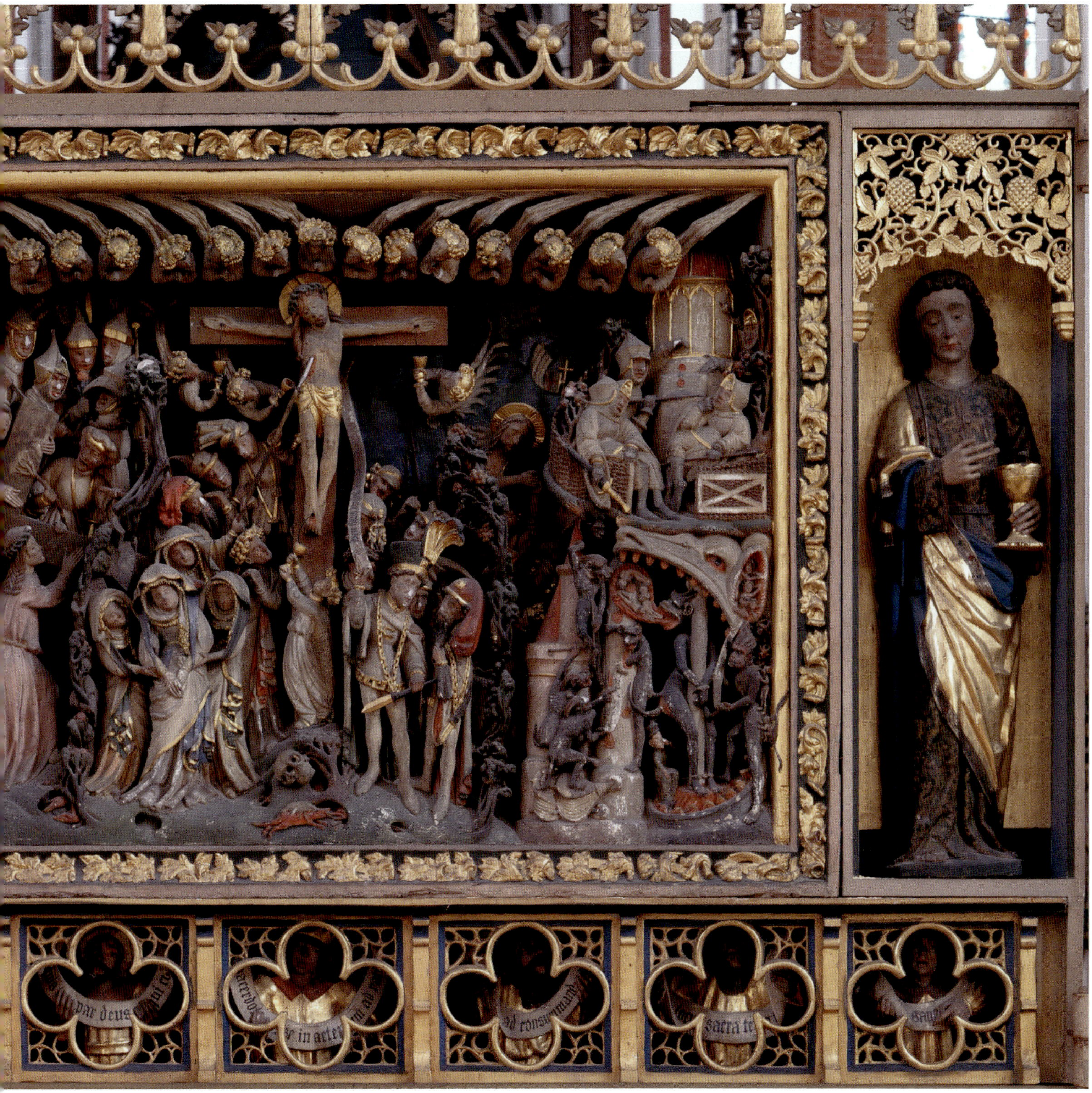

Seit 2010 erstrahlt die heute als Teil der Altstadt von Wismar zum UNESCO-Weltkulturerbe gehörende Kirche St. Georgen wieder in altem Glanz. Das im 14. Jahrhundert im Stil der norddeutschen Backsteingotik errichtete Gotteshaus zierte viele Jahrhunderte lang als stolzer Sakralbau die Hansestadt Wismar, bis 1945 Luftminen das Turmmassiv in Brand setzten und Langhaus, Querschiff und Turm zum Einsturz brachten. Zu DDR-Zeiten ihrem Schicksal überlassen, machte ein Orkan 1990 die Kirche endgültig zur Ruine. Die politische Wende brachte auch den Entschluss zum Wiederaufbau. Die wertvollen Ausstattungsstücke waren im Krieg zwar zunächst gerettet werden, gingen aber nach 1945 teilweise verloren. Die erhaltenen Werke wie das kostbare Hochaltarretabel, das sich derzeit in St. Nikolai befindet, sollen wieder an ihren Ursprungsort zurückkehren.

Nach ausgiebiger Sanierung zeigt sich der Innenraum heute wieder als lichtdurchflutetes Baukunstwerk (rechts). Die dreischiffige Basilika mit großem Querhaus und flachem Chorabschluss im Osten beeindruckt durch ihre gewaltigen Säulen und hohen Gewölbe (unten).

Die zwischen 1381 und 1487 als Seefahrer- und Fischerkirche erbaute dreischiffige Basilika gilt als spätgotisches Meisterwerk Nordeuropas. Nachdem ein schwerer Sturm 1703 große Schäden angerichtet hatte, wurden die zerstörten Teile im Barockstil wiederhergestellt. Die Basilika beeindruckt allein schon durch ihren gewaltigen Baukörper und hebt sich von anderen Kirchen der Backsteingotik durch ihr Strebewerk ab. Der Giebel der südlichen Vorhalle weist einen für den schlichten Stil der norddeutschen Backsteingotik untypischen ornamentalen Schmuck aus Terrakottaformsteinen auf. Vorherrschend unter den Stilelementen verschiedener Epochen ist der barocke Einfluss. Das Hochaltarretabel, das ursprünglich die Kirche St. Georgen zierte, entstand um 1430 und ist mit seinen zehn Meter breiten Flügeln das größte seiner Art in der Ostseeküstenregion.

Mit dem 37 Meter hohen Langschiff (links) gehört St. Nikolai zu den höchsten Kirchenbauten in Deutschland. Unter dem kunstvoll verzierten Gewölbe schwebt das 1430 geschaffene Triumphkreuz. Im Hintergrund befindet sich die 1787 von Johann Gottlob Mende erbaute Orgel (unten).

BAD DOBERAN

Das 1368 als Kirche des ehemaligen Zisterzienserklosters geweihte Münster gehört aufgrund seiner gestalterischen Perfektion zu den bedeutendsten mittelalterlichen Bauwerken in Mecklenburg-Vorpommern. Als Hauptgrablege der Landesfürsten hatte das Münster bereits im Mittelalter eine herausragende Stellung, was sich entscheidend in der Ausgestaltung niederschlug. Trotz Bildersturm und Säkularisierung verfügt sie noch heute über große Teile des mittelalterlichen Inventars und weist somit unter allen Zisterzienserklosterkirchen Europas die reichste Originalausstattung auf. Sakralkunst in Vollendung: der um 1300 geschaffene Hochaltar, der kunsthistorisch zu den ältesten Flügelaltaren zählt. Weitere Kunstwerke, wie der Kelchschrank, der Lettner-Kreuzaltar und der spätromanische Marienleuchter, machen das Münster zu einem Kunstdenkmal, das seinesgleichen sucht.

Das Doberaner Münster, heute die Pfarrkirche der evangelisch-lutherischen Kirchengemeinde, demonstriert außen wie innen eindrucksvoll den Gestaltungswillen der Hochgotik (links). Der Hochaltar im hohen rötlichen Kirchenschiff ist mit filigran durchbrochenen Fialentürmen ausgeschmückt (großes Bild). Der Blick hinauf zur Decke lässt Musterung und Struktur der Pfeiler und Bogen deutlich hervortreten (unten).

Eines der Schmuckstücke im Innern des Münsters ist der vier Meter hohe goldene Flügelaltar aus dem 13. Jahrhundert. Auf den geöffneten Innenseiten sind Figuren aus dem Alten und Neuen Testament sowie Heilige zu sehen. Drei schmale Fialentürme erheben sich über dem Mittelteil.

ROSTOCK

Mit ihrem ungewöhnlich langen Querschiff und dem mächtigen Westbau samt Turmmassiv strahlt die dreischiffige Basilika, die nach dem Vorbild der Lübecker Marienkirche erbaut wurde, eine monumentale Größe aus. Die heutige Hauptkirche von Rostock entstand zwischen 1290 und 1450 auf den Fundamenten eines Vorgängerbaus, der jedoch stark vergrößert wurde. Die aufeinanderfolgenden Bauphasen sind am horizontal gestreiften Außenmauerwerk zu erkennen, das aus roten Backsteinen älteren Ursprungs und farbig glasierten Ziegeln neueren Datums besteht. Trotz der Wirren der Reformationszeit blieben der mittelalterliche Rochusaltar, der barocke Hochaltar, die Renaissancekanzel, die Fürstenloge mit Orgel, der um 1290 geweihte Tauffünte (Taufkessel) und die elf Meter hohe astronomische Uhr vom Bildersturm verschont und erstrahlen heute in altem Glanz.

Als Meisterwerk der norddeutschen Backsteingotik beeindruckt die St.-Marien-Kirche durch ihre Größe und Schlichtheit (links, im Vordergrund der Stadthafen). Besonders kostbar: die 1574 entstandene Kanzel und die mit goldenen Ornamenten gefasste Orgel aus dem 18. Jahrhundert (großes Bild). Die 1379 erbaute astronomische Uhr ist reich verziert und zeigt die Planeten im Tierkreis an (unten).

STRALSUND

Die St.-Nikolai-Kirche ist die Hauptpfarrkirche in Stralsund und befindet sich direkt neben dem Rathaus, was ihre Bedeutung als Bürger- und Ratskirche hervorhebt. Eine erste Pfarrkirche wurde nach ihrer Zerstörung 1249 durch eine mächtige Hallenanlage mit Turm ersetzt. Um 1270 erfolgte der Baubeginn der heutigen Backsteinkirche, die in enger stilistischer Verwandtschaft zur Lübecker Marienkirche steht. Die querhauslose hochgotische Basilika mit Umgangschor und Doppelturmanlage wurde 1350 vollendet. Der nur geringfügige Unterschied zur Lübecker Marienkirche, auch bezüglich der Dimensionen, macht den Anspruch Stralsunds auf Gleichrangigkeit im Städtebündnis deutlich. Die Kirche mit einem zweigeschossigen Wandaufbau gehört zu den qualitätvollsten Architekturschöpfungen des Mittelalters im Ostseeraum und wurde zum Vorbild für Sakralbauten in der Region.

St. Nikolai (unten links: neben der markanten Giebelschaufront des Rathauses am Alten Markt) gehört als Teil der Altstadt von Stralsund zum UNESCO-Welterbe. Innen prunkt die Basilika mit gleich mehreren reich geschnitzten Altären und farbenprächtig bemalten Arkaden und Bogenzwickeln (unten Mitte und großes Bild).

STRALSUND

In ihrer trutzigen Schlichtheit gehört die 1298 erstmals in den Quellen der Stadt Stralsund erwähnte St.-Marien-Kirche zu den imposantesten spätgotischen Bauwerken Mitteleuropas. Nachdem Teile der Backsteinbasilika durch den Einsturz des Turms 1382 zerstört worden waren, baute man das Gotteshaus zwischen 1384 und 1478 wieder auf. Mit dem heute von einer Barockhaube bekrönten Turm gehörte die Kirche sogar von 1625 bis 1647 mit 151 Metern zu den höchsten Gebäuden der Welt. Der Innenraum beeindruckt durch seine gewaltigen Maße. Große Teile der mittelalterlichen Ausstattung wurden durch Ereignisse wie den Bildersturm, Kriegsplünderungen und Brand vernichtet. Während der französischen Besatzung diente die Kirche sogar als Heu- und Proviantmagazin. Zu den kostbarsten Stücken gehört die das Mittelschiff zierende Stellwagenorgel aus dem Jahr 1659.

Besonders wertvoll in der Stralsunder St.-Marien-Kirche sind der vor 1498 gefertigte und heute restaurierte Marienkrönungsaltar (großes Bild) und die über 350 Jahre alte Orgel des Lübecker Meisters Friedrich Stellwagen (ganz rechts). Stuckaturen, Säulen und filigrane Bogen sorgen für einen gewaltigen Raumeindruck (unten).

ST.-NIKOLAI-KIRCHE

ST.-MARIEN-KIRCHE

GREIFSWALD

Der Dom St. Nikolai in Greifswald ist ein gotischer Backsteinbau. Ab 1263 als Hallenkirche errichtet, wurde das Gotteshaus im 14. und 15. Jahrhundert zu einer dreischiffigen Basilika erweitert. Der kurz darauf errichtete Turm stürzte zweimal ein (1515 und 1650). Mittelschiff und Seitenschiffe sind mit spitzbogigen Fenstern ausgestattet; auch die reich gegliederte Fassade des östlichen Giebeldreiecks weist gotische Formen auf. Der Innenraum wurde zwischen 1832 und 1832 von dem Architekten Gottlieb Christoph Giese im Stil der Neugotik grundlegend überarbeitet: Er baute den Chorraum um und ließ Altar, Kanzel, Taufe, Orgelprospekt und Gestühl neu gestalten. In den Kapellen der Seitenschiffe blieben zwei Epitaphien aus dem 16. Jahrhundert erhalten. Die mittelalterliche Rubenowtafel (1460) erinnert an die Gründung der Greifswalder Universität.

Die barocke Zwiebelhaube des knapp 100 Meter hohen Turms ersetzte 1652 den gotischen Turmhelm (rechts). Der weiße Innenraum vermittelt einen harmonischen Gesamteindruck (rechts). Die Domorgel ist seit 1987/88 eine mechanische Schleifladenorgel (ganz rechts).

NEUKLOSTER

Im Kern des romantischen Weilers Neukloster steht die auf kreuzförmigem Grundriss errichtete spätromanische Kirche St. Maria im Sonnenkamp. Der schlichte, einschiffige Backsteinbau wurde 1220 als Klosterkirche »St. Maria und Johannes« begonnen und 16 Jahre später fertiggestellt. Die innen mit Fischgrätmuster ausgestaltete Kirche wurde ursprünglich als Benediktiner-Nonnenkloster konzipiert, später jedoch dem Zisterzienserorden zugeführt. Die Kirche schließt mit einer kunstvoll bemalten Balkendecke ab und besticht vor allem durch die Verglasung, die teils original erhalten ist. Fünf Scheiben – nur ein kleiner Teil des aufwendigen Glaszyklus aus dem 13. Jahrhundert – sind heute im Ostgiebel zu sehen. Es sind drei einbahnige Fenster, die mit Blendbogen zusammengefasst werden. Ein Schmuckstück ist auch der Dachreiter über der Vierung.

Hinter der Klosterkirche liegt ein liebevoll angelegter kleiner Klostergarten (rechts). Blickfang im Innern ist der nahezu quadratische Chor mit den spätromanischen Glasfenstern (Mitte). Im Zentrum des Schnitzaltars befindet sich die Madonna im Strahlenkranz (ganz rechts).

DOM ST. NIKOLAI

KLOSTERKIRCHE ST. MARIA IM SONNENKAMP

Im Dom der Barlachstadt Güstrow ist das kulturhistorische Erbe der Stadt allgegenwärtig. In dem weiträumigen Innenraum der Backsteinkathedrale bilden vor allem der spätgotische Flügelaltar (1500) und die fast lebensgroßen hölzernen Apostelfiguren (1530) zu beiden Seiten des Mittelschiffs einen Blickfang. 1568 wurde der Dom evangelische Hofkirche und Grablege des Fürstenhauses, das im Schloss von Güstrow residierte. Davon zeugen mehrere monumentale Wandgräber, darunter das Herzog-Ulrich-Monument. Drei Werke von Ernst Barlach repräsentieren einen jüngeren Abschnitt der Güstrower Geschichte. Die Bronzeskulptur »Der Schwebende« zu Ehren der Opfer des Ersten Weltkriegs erhielt 1927 ihren Platz im Dom. Doch die Nationalsozialisten klassifizierten das Werk als »entartet« und ließen es einschmelzen. Heute ist »Der Schwebende« im Dom als Kopie zu sehen.

Der mächtige Baukörper des Doms von Güstrow mit dem massiven Westturm erstreckt sich über eine Länge von 70 Metern (links). Der Innenraum (unten links) wurde von 1865 bis 1868 im Stil der Neugotik renoviert. Mit Skulpturen Herzog Ulrichs und seiner beiden Gemahlinnen versehen ist das Wandgrab im Altarraum (unten Mitte). Unten rechts: Kopie der Bronzeskulptur »Der Schwebende« von Ernst Barlach im Nordschiff.

BRANDENBURG UND BERLIN

Da im Kernland des alten Preußen unter dem »Alten Fritz« jeder »nach seiner Fasson selig« werden konnte, umfassen auch die hiesigen Gotteshäuser ein breites Stil- und Formenspektrum – mit eindeutigem Schwerpunkt auf Klassizismus und Historismus, mit viel Neuromanik, Neugotik und Neurenaissance. Aber auch eklektizistische Interpretationen frühchristlicher bzw. italienischer Architektur etwa mit frei stehendem Campanile sind hier anzutreffen – und dazwischen völlig unvermutet als Solitär in protestantisch-nüchternem Umfeld prächtigstes Barock im Stift Neuzelle.

Mitten in der Niederlausitz glaubt man sich nach Süddeutschland versetzt beim Anblick von Stift Neuzelle und der Stiftskirche St. Marien. Böhmische und italienische Künstler haben hier in einer »katholischen Insel« ein für Brandenburg einzigartiges barockes Ensemble geschaffen.

Vielen gilt der Gendarmenmarkt in Berlins Stadtbezirk Mitte als einer der schönsten Plätze Europas. Der Deutsche Dom an der Südseite und der Französische Dom im Norden bilden zusammen mit dem Schauspielhaus ein einzigartiges architektonisches Ensemble, das als Höhepunkt des romantischen Klassizismus gerühmt wird. Die beiden Kirchen verdanken ihre Bezeichnung »Dom« der Übersetzung des französischen Wortes für Kuppel, das keine kirchliche Bedeutung hat. Erbaut wurden sie zu Beginn des 18. Jahrhunderts, erst um 1785 erhielten sie ihre weithin sichtbaren Kuppeltürme. Der Französische Dom geht auf Hugenotten zurück, die als Protestanten Frankreich verlassen mussten und in Berlin eine neue Heimat fanden. An diese Zeit erinnert das Hugenottenmuseum – mit Details zur Geschichte der französischen Protestanten in Berlin und Brandenburg.

Gleich drei eindrucksvolle Monumentalbauten beherrschen den Gendarmenmarkt in Berlin-Mitte. Vom Schiller-Denkmal geht der Blick nach Süden zum Deutschen Dom (unten links), nach Westen zum 1821 eingeweihten Konzerthaus von Karl Friedrich Schinkel und nach Süden zum Französischen Dom (großes Bild). Links: Blick hinauf zur und hinab von der Kuppel des Französischen Doms.

Die Grabkirche der Hohenzollern wurde von 1894 bis 1905 auf Wunsch Kaiser Wilhelms II. an der Stelle eines schlichten Kuppelhauses errichtet. Die »Hauptkirche des preußischen Protestantismus« sollte aufwendig gestaltet sein – schließlich wurde ein Neubau im Stil der italienischen Renaissance nach einem umstrittenen Entwurf des Architekten Julius Carl Raschdorff an die Spree gestellt und mit Türmen und Kuppeln überladen. Raschdorff hatte sich aus verschiedenen Architekturhandbüchern und aus Dutzenden von Dokumentationen historischer Bauten bedient, und so erinnert der Dom hier an London, dort an Rom, an berühmte Palazzi und bekannte Tempel. Die wirklichen Schätze liegen in der Hohenzollerngruft – über vier Jahrhunderte die Grablege dieser Herrscherdynastie. Der Berliner Dom wurde nur als Hofkirche genutzt. Hauptkirche des Bischofs war er nie.

Mit seiner mächtigen Kuppel (Bildleiste oben) und der aufwendig gegliederten Fassade (links, großes Bild) beschwört der Berliner Dom die Epochen von Renaissance und Barock herauf. Am 100. Jahrestag der Einweihung sorgte der Lichtkünstler Matthias Zeckert 2005 durch Beleuchtung von Pfeilern und Orgel für ein farbenfrohes Interieur (Bildleiste 2. und 3. Bild). Ganz unten: Prunksarkophag in der Hohenzollerngruft.

Schlichte Backsteinarchitektur zeichnet die Friedrichswerdersche Kirche aus, die seit 1987 – denkmalgeschützt – als Skulpturenmuseum genutzt wird. Sie wurde 1824 bis 1830 nach Plänen von Karl Friedrich Schinkel errichtet. Ihre von der englischen Gotik inspirierte bauliche Gestalt mit dem flachen Dach und den Fialtürmchen über den Strebepfeilern, die die schönen Maßwerkfenster einfassen, verdankt sie dem von Mittelalter begeisterten Kronprinzen Friedrich Wilhelm (dem späteren König Friedrich Wilhelm IV.), der auf einem neugotischen Gotteshaus bestand. Das Äußere war seinerzeit umstritten, das Innere wurde als großzügig und heiter bewertet. Achim von Arnim erkannte in dem Gebäude einen »Triumph Schinkels« und meinte fasziniert: »Ein so wunderbares Zusammenwirken von Baukunst, Malerei, Bildhauerkunst, Tischlerei ist mir aus neuer Zeit nie vorgekommen.«

Von der Schlossbrücke aus zeigt sich die Friedrichswerdersche Kirche in ihrer schlichten Eleganz (links). Im Innern ziehen Kreuzgewölbe und Strebepfeiler den Blick nach oben (unten). Während man sich auf der Empore über Leben und Werk Schinkels informieren kann, stehen im Kirchenschiff Skulpturen klassizistischer Bildhauer der Berliner Schule (großes Bild: Gipsmodell der Prinzessinnengruppe von Gottfried Schadow).

»Alles vergehet«, so lautete das Thema der Predigt am 22. November 1943 in der Kaiser-Wilhelm-Gedächtniskirche. Es war Totensonntag. Wenig später hinterließen die Bomben die nun berühmte Ruine. Der schwer beschädigte Westturm, von 113 auf 63 Meter reduziert, wurde im Berliner Jargon zum »hohlen Zahn«. Wilhelm II. hatte das Gotteshaus zwischen 1891 und 1895 zu Ehren seines Großvaters als Glanzpunkt im Neuen Westen errichten lassen. Er erhoffte sich einen Blickfang für die vornehme Wohn- und Geschäftsstraße Kurfürstendamm. Im Jahr 1957 sollten die Reste der ursprünglich von Franz Heinrich Schwechten im neoromanischen Stil erbauten Kirche abgerissen werden. Dagegen protestierten die Berliner Bürger, und so einigte man sich auf einen Kompromiss, bei dem die Turmruine der alten Kirche als Mahnmal erhalten, aber um einige Neubauten ergänzt wurde.

KAISER-WILHELM-GEDÄCHTNISKIRCHE

Der stark beschädigte Hauptturm der Kaiser-Wilhelm-Gedächtniskirche wird von zwei Neubauten des Architekten Egon Eiermann, einem Oktogon und einem sechseckigen Turm, flankiert (ganz links). Die Ruine der Kirche (links ein erhaltenes Deckenmosaik) wurde in eine Gedenkhalle umgewandelt. Der Altarraum wird durch mehr als 20000 Glasfenster in bläuliches Licht getaucht (großes Bild).

Die St.-Nikolai-Kirche entstand zwischen 1830 und 1850 nach Plänen des berühmten Karl Friedrich Schinkel, der die Vollendung seines Meisterwerks allerdings nicht mehr erlebte. Der klassizistische Zentralbau konnte zwar schon 1837 fertiggestellt werden, aber erst ab 1843 wurde die weit über die Dächer Potsdams ragende Kuppel auf das Gebäude aufgesetzt. Mit einer Höhe von 52 Metern bis zum Scheitelpunkt dominiert sie das Innere des Gotteshauses. In den letzten Wochen des Zweiten Weltkriegs wurde die Kirche stark zerstört. Die Kuppel und der Eingangsportikus stürzten ein. Im Innern blieben nur der Altar und die Kanzel unbeschädigt. 1955 wurde mit dem Wiederaufbau der Außenfassade begonnen. Die Restauration des Innenraums wurde im Jahr 1975 in Angriff genommen. Erst am 2. Mai 1981 konnte das Gotteshaus dann feierlich wiedergeweiht werden.

Die mächtige Tambourkuppel (großes Bild; ganz unten: Innenansicht) von St. Nikolai ist zu einem Wahrzeichen Potsdams geworden. Die schmucklose Wölbung der Apsis erinnert an die Zerstörungen des Zweiten Weltkriegs. Erhalten geblieben ist der Kreis der zwölf Apostel (unten).

HEILANDSKIRCHE

Malerisch am Ufer der Havel erhebt sich die Heilandskirche im Potsdamer Ortsteil Sacrow. Der preußische König Friedrich Wilhelm IV. wählte höchstselbst den außergewöhnlichen Bauplatz auf einer Landzunge direkt am Wasser und fertigte auch erste Skizzen an, die von Ludwig Persius ausgeführt wurden. Außergewöhnlich ist das 1841 bis 1844 entstandene Kirchengebäude auch in seiner äußeren Wirkung: Mit seiner Apsis und dem umlaufenden Säulengang auf halbrundem Fundament erweckt das einschiffige Bauwerk optisch den Anschein einer dreischiffigen Basilika. Vom gegenüberliegenden Ufer betrachtet, wirkt die Kirche mit ihrem frei stehenden Glockenturm hingegen wie ein Schiff, das vor Anker liegt. Durch die großen Rundbogenfenster fällt Licht in das schlicht gehaltene Innere, in dem vor allem ein großes Freskogemälde im byzantinischen Stil Beachtung verdient.

Die 1844 geweihte Heilandskirche steht am Ufer der Havel inmitten eines vom Gartenarchitekten Linné gestalteten Landschaftsgartens. Die Backsteinverblendung der Außenwände wird aufgelockert durch blau glasierte Fliesen, die ein reizvolles Streifenmuster bewirken.

POTSDAM

FRIEDENSKIRCHE

Friedrich Wilhelm IV., künstlerisch begabt, fertigte selbst die Skizzen für das Gotteshaus an. Im April 1845 wurde der Grundstein gelegt, und bereits im September 1848 konnte das Gotteshaus geweiht werden. Die evangelische Kirche liegt im Schlosspark von Sanssouci und ist oberitalienischen Klosteranlagen nachempfunden. Charakteristisch für die dreischiffige Säulenbasilika ohne Querschiff ist der frei stehende Campanile. Durch seine sieben offenen Obergeschosse wirkt der 42 Meter hohe Glockenturm schlank und elegant. Auch im Innern der Kirche finden sich Anspielungen auf die italienische Architektur, etwa das Mosaik in der Apsis. Es stammt aus einer zum Abbruch bestimmten Kirche auf der Insel Murano. Kanzel, Altar, Lesepult und Taufstein sind nach frühchristlichen Vorbildern entstanden. In der Kirche befinden sich die Grablege Friedrich Wilhelms IV. und seiner Gemahlin.

Im Innenhof der Friedenskirche steht man beeindruckt vor einer überlebensgroßen Christusfigur (links), deren Original sich in der Kopenhagener Frauenkirche befindet. Der frei stehende Campanile ist dem Kirchturm von Santa Maria in Cosmedin in Rom nachempfunden (ganz links).

Die ehemalige Zisterzienserabtei erlangte schon bald nach ihrer Gründung 1258 großen Einfluss in der Region. Während ihrer Blütezeit lebten und arbeiteten hier fast 500 Mönche. Im Jahr 1542 wurde das Kloster säkularisiert, nach und nach verfiel die Anlage. Erst ab dem 19. Jahrhundert erfolgten verschiedene Restaurierungsmaßnahmen, teils nach Vorschlägen von Schinkel. Heute ist die wunderschöne Ruine ein beliebter Veranstaltungsort für Konzerte. Das ganze Ensemble gilt als einer der Höhepunkte norddeutscher Backsteingotik und verbindet den Baugedanken der Zisterzienser mit dem der Gotik. Charakteristisch sind einfache und strenge Grundrisse sowie eine klare und gut überschaubare Gliederung der Räumlichkeiten. Dekorative Elemente werden nur zurückhaltend eingesetzt. Besonders markant ist der wunderschöne Westgiebel.

Das Innere der Kirche bildet heute einen stimmungsvollen Rahmen für Konzerte (rechts). Der Westgiebel beeindruckt durch seine feine Gliederung (unten). Die Spitz- und Rundbogen am Hauptschiff lassen die unterschiedlichen Bauabschnitte erkennen (ganz unten).

Das Kloster Lehnin wurde 1180 gegründet und ist damit eines der ältesten Klöster der Mark Brandenburg. Rund 350 Jahre lang waren die Mönche eine feste theologische und kulturelle Größe im Umland. Im Zuge der Reformation mussten sie das Kloster allerdings 1542 aufgeben. Lange Zeit war es dem Verfall preisgegeben. Nach einer Restaurierung in den 1990er-Jahren sind eine Klinik und ein Pflegeheim für alte Menschen in die Räumlichkeiten eingezogen. Geblieben ist die nüchterne Architektur der Zisterzienser. Die Klosterkirche St. Marien wurde bereits im 19. Jahrhundert rekonstruiert. Bei den Sanierungsarbeiten verwendete man Baumaterial aus den alten Tongruben. Die neuen Ziegel sind deshalb von den Originalen kaum zu unterscheiden. Mit ihren romanischen und gotischen Stilelementen zählt die Kirche zu den wichtigsten Backsteinbauten in Brandenburg.

»Steinerne Türme für Glocken sollen nicht sein«: Getreu diesem architektonischen Credo der Zisterzienser wird die Klosterkirche St. Marien nur von einem Dachreiter gekrönt (unten). Innen schwebt in der Vierung ein Holzkreuz, das Werk eines unbekannten Meisters (links).

NEUZELLE

Das Kloster von Neuzelle bei Frankfurt an der Oder ähnelt mehr einer barocken Fürstenresidenz als einer Zisterzienserabtei. Im 17. und 18. Jahrhundert haben italienische und böhmische Künstler der Stiftskirche St. Marien ihren Stempel aufgedrückt und das »Barockwunder Brandenburgs« geschaffen. Trotz der barocken Dekoration weist die Raumstruktur der dreischiffigen Hallenkirche mit ihren eng gesetzten Pfeilern und den schmalen Seitenschiffen auf die Zeit um 1300 zurück, als das vom Markgrafen Heinrich von Meißen in der Niederlausitz gestiftete Kloster erbaut wurde. Im Zuge der Barockisierung des gotischen Baus kamen die Josephskapelle, ein verlängerter Chor und ein neuer Hochaltar hinzu, innen wurde die Kirche mit einer Fülle an barocken Elementen ausgestaltet. Seit Auflösung der Ordensniederlassung 1817 dient St. Marien als katholische Pfarrkirche.

Gleich zwei Umbauphasen (um 1650, 1727–1741) nahm die Barockisierung von St. Marien (links: Außenansicht mit Josephskapelle) in Anspruch. Italienische und böhmische Meister schufen die Deckenfresken und Stuckaturen (großes Bild). Reichlich Marmor wurde für die Gestaltung von Hauptaltar (unten: Putti mit stilisierten Strahlen) und einander gegenüberstehenden Nebenaltären (ganz unten: Kreuzaltar) verwendet.

Unter der betörenden Wirkung barocker Bildgewalt steht der Besucher im Innenraum der Stiftskirche St. Marien. Gewundene Marmorsäulen rahmen die prunkvollen Seitenaltäre ein. Der Totenschädel vor der Kreuzigungsgruppe am vorderen Altar symbolisiert die Auferstehung des »alten Adam«.

I.N.
R.I.

Im Zuge der Barockisierung von Kloster Neuzelle wurde auch die an der Mauer des Klosterareals gelegene Kirche zum Heiligen Kreuz – ursprünglich eine gotische Pfortenkapelle – grundlegend verändert. Das Äußere der »Il Gesù« in Rom nachempfundenen Kreuzkuppelkirche wurde – bis auf die quadratischen Doppeltürme, denen Friedrich August Stüler 1861 »welsche Hauben« aufsetzte – eher zurückhaltend gestaltet. Innen wirkt die Kirche durch das dreijochige Hallenlanghaus mit Querschiff klar strukturiert. Die barocke Innenausstattung ist bis auf den Chor maßvoller als die der Stiftskirche. Am meisten imponieren das Kuppelfresko »Ecclesia triumphans« von Georg Wilhelm Neunhertz, der geschnitzte Kreuzaltar von Johann Hennevogel sowie die fahrbare hölzerne Kanzel aus dem 17. Jahrhundert, das wohl älteste Inventar der einst katholischen, seit 1817 evangelischen Kirche.

Da die evangelische Kirchengemeinde bei Übernahme der einst katholischen Kreuzkirche von der sonst üblichen Bilderstürmerei Abstand nahm, ist heute im evangelischen Gotteshaus katholischer Prunk zu bewundern. So erzählen uns das monumentale Kuppelfresko (großes Bild) und der Kreuzigungsaltar (links) in eindringlicher Bildersprache Geschichten über die triumphierende Kirche und die Passion Christi.

JÜTERBOG

Nahe der Stadt Jüterbog, am Rand des Niederen Fläming, ist das ehemalige Kloster Zinna ein beliebtes Ausflugsziel in der Region. Von der ausgedehnten Klosteranlage sind neben der Kirche auch die Neue Abtei, das Siechenhaus und das Zollhaus erhalten. Die aus behauenen Granitsteinen errichtete Klosterkirche, eine romanische Basilika mit kreuzförmigem Grundriss, dient heute als evangelische Pfarrkirche. Im ehemaligen Abthaus geben mittelalterliche Fresken einen Einblick in das Weltbild der Mönche. Dort befindet sich auch das Heimatmuseum. Die Geschichte des Klosters reicht bis ins 12. Jahrhundert zurück, als Erzbischof Wichmann von Magdeburg hier eine Niederlassung der Zisterzienser gründete. Nach der Auflösung des Klosters während der Reformation diente es als Herrensitz. Ein Modell des Klosters lässt noch heute die einstige Dimension der Anlage erahnen.

Die Klostergebäude von Zinna wurden im Stil der Backsteingotik errichtet. Das große Bild zeigt die ehemalige Abtei mit ihrem hochgotischen Stufengiebel. Dort ist seit 1956 das Klostermuseum untergebracht (links: kunstvoll gemauerte Durchgänge). Zur romanisch-strengen Architektur der Klosterkirche (ganz links) kontrastieren die farbenprächtigen Wandgemälde in der Apsiswölbung (unten rechts).

SACHSEN-ANHALT

Der Name der durch das Bundesland führenden »Straße der Romanik« verrät es schon – in Sachsen-Anhalt ballen sich romanische Sakralbauten wie kaum anderswo. Ob St. Servatius in Quedlinburg oder Kloster Jerichow – sie entfalten mit ihrer sakralen Strenge und Schlichtheit ihren ganz eigenen Reiz. Fast ebenso stark vertreten ist die Gotik – von romanisch-gotischen Übergangsformen wie im Dom von Naumburg bis zur Interpretation französischer Kathedralengotik etwa in den Domen von Magdeburg oder Halberstadt. Nicht zu vergessen: In Wittenberg nahm die Reformation ihren Anfang.

Trotz unterschiedlicher Stile bilden Schloss und Stiftskirche St. Servatius auf dem Schlossberg hoch über Quedlinburg eine untrennbare Einheit. Die in das Ensemble des Renaissanceschlosses integrierte Basilika gilt als einer der bedeutendsten romanischen Sakralbauten Deutschlands.

HAVELBERG

Im Nordosten von Sachsen-Anhalt kündet der Dom St. Marien von der großen Geschichte der kleinen Hansestadt Havelberg als einer der ersten Bischofssitze östlich der Elbe. Ab 1150 wurde der Dom an der Stelle einer älteren Kirche errichtet, 1170 fand die Weihe statt. Das romanische Dekor fiel 1279 fast vollständig einem Großbrand zum Opfer. Erhalten geblieben sind u. a. die Palmetten eines vermauerten Portals und Schachbrettornamente in den Zwillingskapellen. In der Folge wurde die Basilika gotisiert. Das erhöhte Mittelschiff ergänzten Obergadenfenster und Kreuzrippengewölbe, die vormals halbrunde Apsis wurde polygonal, hinzu kamen Blendarkaden aus Backstein. Aus dem 14. bis 16. Jahrhundert stammen die beiden Kapellen im südlichen Seitenschiff, das Chorgestühl aus Eichenholz, die Glasmalereien der Fenster sowie der Skulpturenschmuck aus Sandstein.

Der im 12. und 14. Jahrhundert aus Naturstein und Ziegeln errichtete Dom wurde 1907 um ein neoromanisches Glockengeschoss ergänzt (großes Bild). Ganz rechts: Blick ins Hauptschiff mit Kanzel, Triumphkreuzgruppe, Hochaltar, Lettner und Glasmalereien aus der Spätgotik.

STENDAL

Der spätgotische Dom St. Nikolaus ist eine dreischiffige Hallenkirche mit Querhaus und einschiffigem Hochchor. Die Backsteinkirche wurde ab 1423 an der Stelle eines romanischen Vorgängerbaus errichtet und 1463 vollendet. Von Baumeister Steffen Boxthude stammt wahrscheinlich der prächtige Giebel des nördlichen Querhauses mit fünfteiligem Fenster und reichem Blendmaßwerk. Ein Sandsteinportal mit Plastiken aus dem späten 14. Jahrhundert führt in den streng gestalteten Innenraum, wo ein mächtiger Lettner das Langhaus vom Chorraum mit dem beschnitzten Eichengestühl trennt. Ihn ziert auf der Chorseite ein Relief von 1240 mit Szenen aus dem Neuen Testament. Der wertvollste Bestandteil der Kirche sind jedoch die spätmittelalterlichen Glasmalereien (1425–1465), die in einzigartiger Geschlossenheit Chor, Querhaus und südliches Seitenschiff in farbiges Licht tauchen.

Der größte Schatz des Doms sind seine filigranen Buntglasfenster, auf denen Kindheit und Passion Christi sowie Apostel- und Heiligenlegenden dargestellt sind (unten). Die sakrale Strenge und die einfache, klare Gliederung des spätgotischen dreischiffigen Baus kommen auf dieser Aufnahme (rechts) gut zur Geltung.

DOM ST. MARIEN

DOM ST. NIKOLAUS

Im Elb-Havel-Winkel, inmitten des Jerichower Landes, liegt das vom Prämonstratenserorden im 12. und 13. Jahrhundert errichtete Kloster Jerichow. Noch heute hält das spätromanische Ensemble, eigentlich ein Kollegiatstift, den Betrachter durch seine strenge und schlichte Schönheit in Bann. In drei Bauabschnitten wurde die Stiftskirche, einer der ältesten Backsteinbauten Norddeutschlands, errichtet. Ab 1149 entstanden die kreuzförmige dreischiffige Basilika und der Ostflügel der Klausur. Von 1172 bis etwa 1200 wurden Krypta und Nebenchöre eingebaut, das Langhaus erweitert und die Untergeschosse der Türme angelegt. Zwischen 1200 und 1240 kam der Westturm hinzu, außerdem wurden Sommerrefektorium und Kreuzgang realisiert. Ende des 17. Jahrhunderts kam es zur ersten Instandsetzung, bevor das Kloster dann zwischen 1853 und 1857 stilgerecht restauriert wurde.

Innen präsentiert sich die Stiftskirche St. Marien als romanische Säulenbasilika (ganz links: die Doppelturmfassade), in der rote Ziegel mit weißem Putz kontrastieren. Über der nachträglich eingebauten Krypta erhebt sich vor dem Hohen Chor die bühnenartige Lettnerwand (großes Bild). Bereits der Frühgotik zuzurechnen ist der Kreuzgang mit seinen weitläufigen Arkaden zum Innenhof hin (links).

Der Dom St. Mauritius und St. Katharina hatte einen bedeutenden Vorgängerbau, der unter Otto I. ab 937 mit großem Aufwand zur künftigen Erzabtei ausgebaut wurde. Nach einem Brand im Jahr 1207 erfolgte der Wiederaufbau der Kirche nach dem Vorbild der französischen Gotik unter Erzbischof Albrecht II. Zum ersten Mal entstand in Deutschland ein gotischer Kathedralchor mit Umgang und Kapellenkranz. Während das Untergeschoss mit seiner reichen Bauplastik noch spätromanisch geprägt ist, folgt die Chorumgangsempore (1230 bis 1235), der sogenannte Bischofsgang, bereits dem Vorbild von Chartres und ist mit monumentalen Standbildern ausgestattet. Der hochgotische Obergaden des Chors wurde zwischen 1240 und 1270 in steileren Proportionen vollendet. Die Fertigstellung des Magdeburger Doms erfolgte – nach Unterbrechungen – erst im 16. Jahrhundert.

Im Innern des Doms (ganz links im Abendlicht über der Elbe) erwarten den Besucher wichtige kulturhistorische Zeugnisse: so in der Vierung die Grabstätte Ottos des Großen (unten Mitte), in der sechzehneckigen Heilig-Grab-Kapelle (unten links am linken Bildrand, im Hintergrund der Lettner) die Skulptur eines Herrscherpaars (links) und am südlichen Eingang die Skulptur der Schwarzen Madonna mit Jesuskind (unten rechts).

HALBERSTADT

Der Dom St. Stephanus und St. Sixtus wurde ab 1209 anstelle eines mächtigen ottonischen Vorgängerbaus errichtet. Mit hohen Kreuzrippengewölben, offenem Strebesystem und Seitenschiffen, die in den Chorumgang übergehen, ist die gotische Basilika auf kreuzförmigem Grundriss sichtbar dem französischen Kathedralenschema verpflichtet. Kunsthistorisch bedeutend ist der Halberstädter Dom jedoch vor allem aufgrund seines umfangreichen Kirchenschatzes, der an seinem ursprünglichen Nutzungsort besichtigt werden kann. Alle im Mittelalter gebräuchlichen Kunstgattungen sind im Domschatz vertreten – Altarbilder, Skulpturen, Handschriften, Mobilar, Elfenbeinschnitzereien, Bronzewerke und Goldschmiedearbeiten. Besonders hervorzuheben ist die Textilkunsttsammlung mit etwa 90 liturgischen Gewändern und drei monumentalen romanischen Wandteppichen.

Der Halberstädter Dom (links: Außenansicht über den Domplatz hinweg) vermittelt dem Besucher das Idealbild eines im Stil der Hochgotik gestalteten Kircheninnenraums – mit hohem, von Kreuzrippen- und Sterngewölben eingefasstem Hauptschiff (großes Bild), prächtigem, fialenbewehrtem Lettner samt Triumphkreuzgruppe (rechts unten) sowie Chor mit Umgang und Chorgestühl (rechts ganz unten).

»Diese alten Kirchen sind versteinerte Psalmen. In einer Kirche wie der Gernröder kann die Predigt zur Not wegfallen, weil die Steine predigen. Das Herz wird himmelan gerissen.« So begeisterte sich der Maler und Schriftsteller Wilhelm von Kügelgen 1861 über diese Stiftskirche, die nach der Reformation eine der ersten protestantischen Kirchen überhaupt geworden war. St. Cyriakus gibt auch über 1000 Jahre nach Baubeginn bestens Aufschluss über die frühromanische Baukunst in ottonischer Zeit. Von der Bauzeit (959–1014) kündet noch das Langhaus mit Stützenwechsel, Rundbogenarkaden und Emporen mit byzantinischen Einflüssen. Die Hallenkrypta ist eine der ältesten auf deutschem Boden. Einzigartig ist das »Heilige Grab« aus dem 11. Jahrhundert, die älteste erhaltene Nachbildung des Grabes Christi nördlich der Alpen, mit ihrem reichen plastischen Bilderschmuck.

Von ihren romanischen Anfängen zeugt die Formensprache der Stiftskirche deutlich sichtbar (unten). Der Chor (großes Bild) ist wegen der darunter befindlichen Hallenkrypta hochgelegt. In der Vierung wurde zu Ehren des Stifters 1519 ein Hochgrab für Gero errichtet.

Die Quedlinburger Stiftskirche, hervorgegangen aus einer Burgkapelle der Königspfalz Heinrichs I., wurde von 936 bis 1803 als Gotteshaus des Reichsunmittelbaren Kaiserlichen Freiweltlichen Frauenstiftes genutzt. Besonders häufig begingen die ottonischen Herrscher das Osterfest an den Grabstätten ihrer Vorfahren. 1129 wurde die Kirche des 936 auf dem Schlossberg gegründeten Stifts dem heiligen Servatius geweiht. Die Grundstruktur dieser romanischen Basilika blieb trotz umfangreicher Um- und Anbauten, die noch im 19. Jahrhundert vorgenommen wurden, bewahrt. Ein gotisches Säulenportal schmückt den Eingang zu der mit romanischen Fresken geschmückten Krypta, in der sich die Grabmäler König Heinrichs I. und seiner Gemahlin befinden. Von der ursprünglichen Gesamtanlage erhalten geblieben sind lediglich die Stiftskirche und einige Klostermauern.

Auf dem Schlossberg, einem Sandsteinfelsen, etwa 25 Meter über den Dächern der Stadt, erheben sich die Türme der romanischen Stiftskirche St. Servatius (unten). Der romanische Innenraum ist zu Ehren Gottes in aller Schlichtheit gestaltet (links und ganz unten).

Die ursprünglich katholische Schlosskirche, so benannt, da sie einen Flügel einer Renaissance-Schlossanlage bildet, diente über drei Jahrhunderte als Universitätskirche. Die Grabstätten Martin Luthers und Philipp Melanchthons in der Kirche erinnern daran, dass hier Geschichte geschrieben wurde: Die Bronzetür aus dem 19. Jahrhundert – die Kirche wurde nach Zerstörung durch Brand und Kriege von 1883 bis 1892 im neugotischen Stil erneuert – erinnert an den Ort, an dem 1517 der damals noch unbekannte Augustinermönch Martin Luther angeblich seine Thesen gegen den Ablasshandel der katholischen Kirche anschlug. In seinen lateinisch verfassten Thesen prangerte er den kirchlichen Missbrauch an, Sühne und Buße gegen Entgelt zu erlassen. Damit brachte er den Stein ins Rollen, der zur Spaltung der Kirche führen und das gesamte Abendland erschüttern sollte.

Die neugotische Innenausstattung der Wittenberger Schlosskirche mit Hochaltar (unten) und Orgelempore (ganz unten) entstammt dem 19. Jahrhundert. Unmittelbar unter der Kanzel an der rechten Seite im Hauptschiff (großes Bild) befindet sich das Grab von Martin Luther.

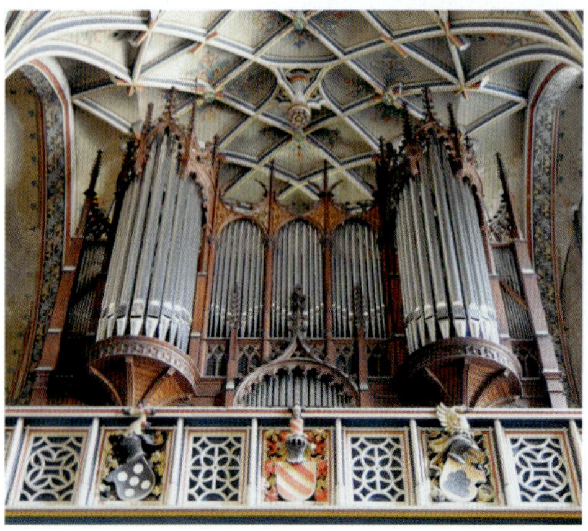

Wer denkt bei Wittenberg nicht sofort an Martin Luther? Die Stadtkirche ist Teil des hiesigen Luther-Ensembles, das zum Weltkulturerbe gehört. Es war hier, in St. Marien, wo der streitbare Mönch seit 1512 predigte, als er einen Lehrstuhl an der Wittenberger Universität übernahm. Mit seiner grundsätzlich anderen Vorstellung von Predigt, Beichte, Abendmahl sollte er diesen Sakralbau zur Geburtsstätte der Reformation machen. Hier wurde auch der Gottesdienst erstmals nicht mehr auf Lateinisch gefeiert. Das Hauptaugenmerk in der Kirche richtet sich auf den 1547 von den beiden Cranachs gemalten Flügelaltar mit den lebensnah dargestellten historischen Personen Melanchthon, den Cranachs selbst, Luther und dessen Frau Katharina von Bora. Lucas Cranach d. Ä. und d. J. setzten hier auf vier Bildtafeln malerisch das reformatorische Verständnis von Kirche und Gemeinde um.

Blickfang des Innenraums von St. Marien ist der Cranach-Altar, eines der wichtigsten Bildzeugnisse der Reformationszeit. Auf der von Lucas Cranach d. Ä. geschaffenen mittleren Bildtafel tritt in der Abendmahlsszene Luther selbst als Junker Jörg auf, in Seitenflügel und Predella von Lucas Cranach d. J. begegnen uns Melanchthon bei der Taufe, Cranach selbst sowie Luther als Prediger auf der Kanzel.

HALLE

Die von 1529 bis 1554 erbaute Marktkirche Unser lieben Frauen, auch als Marienkirche bezeichnet, ist ein Juwel mitteldeutscher Spätgotik. Mit der Absicht, durch ein neues repräsentatives Gotteshaus dem Einfluss der Reformation Einhalt zu gebieten, ließ der Landesherr Kardinal Albrecht von Brandenburg zwei mittelalterliche Kirchen zu einem neuen Bauwerk vereinen. Die im 11. Jahrhundert errichtete Gertrudenkirche und die im 12. Jahrhundert entstandene Pfarrkirche St. Marien wurden bis auf ihre Türme abgetragen und mithilfe eines neuen Langhauses zu einer dreischiffigen Hallenkirche umgestaltet. Trotz aller architektonischen Pracht setzte sich auch hier die Reformation durch. 1541 wurde hier der erste evangelische Gottesdienst gehalten, und auch Martin Luther selbst predigte 1545/46 von der Kanzel. Seine Totenmaske gehört heute zu den wertvollsten Exponaten der Kirche.

Die vier Türme aus spätromanischer und spätgotischer Zeit sind das Wahrzeichen der Stadt (unten links im Hintergrund, vorne Händel-Denkmal und Roter Turm). Der Hallenraum (unten rechts), der die beiden Turmpaare verbindet, ist von Netz- und Sterngewölben eingefasst. Auf der Reichel-Orgel – 1663 bis 1664 für 200 Taler erbaut – lernte einst Georg Friedrich Händel das Orgelspiel (links).

Der Naumburger Dom ist ein Bauwerk von europäischem Rang. Von einem frühromanischen Vorgängerbau sind Fundamente bekannt. Ab 1213 wurde ein großer Neubau von Ost nach West begonnen. Der Westchor sollte zunächst die ältere Marienkirche am Ort ersetzen, doch dann wurden Teile der Osttürme dieser Kirche in die Westtürme des neuen Doms mit einbezogen. Dadurch ergab sich eine kreuzförmige Basilika mit drei Doppeljochen, je einem Chor und einem Turmpaar im Osten und im Westen. Am Westchor lassen sich Einflüsse der französischen Gotik nachweisen. Von besonderer Bedeutung ist hier der Figurenschmuck in Gestalt der zwölf Stifterfiguren des Naumburger Meisters – darunter Markgraf Ekkehard II. mit Ehefrau Uta –, die zusammen mit dem ältesten Lettner auf deutschem Boden als eines der wichtigsten Denkmale figürlicher Plastik des 13. Jahrhunderts gelten.

Gleich zwei Lettner gliedern den Innenraum des Naumburger Doms (links die vier die Stadtsilhouette dominierenden Türme): der spätromanische Ostlettner (großes Bild) und der frühgotische Westlettner. Letzter teilt den Westchor mit den um 1250 geschaffenen Stifterfiguren des Naumburger Meisters ab – an Wirklichkeitsnähe der Darstellung bis dahin unerreichte Skulpturen (unten rechts: Markgraf Ekkehard II. und Uta).

SACHSEN

Von Kriegen, Bränden und Hochwasser gebeutelt, wurden die sächsischen Sakralbauten von der Romanik an immer wieder umgebaut, erneuert und instandgesetzt. Architektur und Ausstattung spiegeln die Glaubenspraktiken der Stifter und Gemeinden wider. Herausragend sind oft der figürliche Skulpturenschmuck (etwa des Naumburger Meisters in Meißen), gotisches Schnitzwerk, Grabplastik oder die barockisierten Klöster. Ein Zeichen für den Protestantismus – in unmittelbarer Nähe zum Hof des katholischen August des Starken – setzte der Zentralbau der Dresdner Frauenkirche.

Die Frauenkirche mit ihrer mächtigen Kuppel überstrahlt die Fassaden von umliegenden Häusern und Johanneum am Dresdner Neumarkt (im Vordergrund der Türkenbrunnen). Nach Zerstörung im Krieg wurde der barocke Sakralbau von 1996 bis 2005 wiederaufgebaut.

Obgleich der (mit der Thomaskirche) älteste und größte Kirchenbau Leipzigs, ist die Nikolaikirche weniger als Baudenkmal denn als Stätte, an der Geschichte geschrieben wurde, von Bedeutung. Hier, wo Johann Sebastian Bach 1724 seine Johannespassion uraufgeführt hatte, wurden seit 1981 öffentliche Friedensgebete abgehalten, die in der DDR für den geistigen Freiraum und eine Atmosphäre des Aufbruchs sorgten, die letztlich zur friedlichen Revolution führte. »In dieser Kirche beteten die Helden unserer Tage. Sie streuten damit eine Saat, die im Oktober 1989 überall im Land aufging«, ist auf einer Gedenktafel in der Kirche zu lesen. St. Nikolai wurde 1165 als romanische Basilika gegründet und im 16. Jahrhundert zu einer spätgotischen Hallenkirche umgebaut. Heute dominiert der lichte Raumeindruck mit dem delikaten Farbklang zwischen Weiß, Hellgrün und Rosa.

Die nächtliche Ansicht des Außenbaus (links) enthüllt eine Baugeschichte, die über Epochen hinweg bis ins Mittelalter zurückreicht. Die Emporen, aber auch die lichte Weite verleihen St. Nikolai fast die Anmutung eines Theaters mit unterschiedlichen Rängen. Die dominanten kannelierten Säulen sind in ihrer Anlehnung an die antike Formensprache typisch für den Klassizismus des 18. Jahrhunderts (großes Bild).

Im späten 18. Jahrhundert wurden die Innenräume der St.-Nikolai-Kirche durch den Leipziger Baumeister Johann Carl Friedrich Dauthe in klassizistischem Stil umgestaltet. Charakteristisch sind die kannelierten rosafarbenen Säulen im Innern. Die Gemälde stammen von Adam Friedrich Oeser.

Die Anfänge der Thomaskirche liegen im 12. Jahrhundert. Die ältesten Mauern unter Altarraum und Vierung stammen von 1160. Heute zeigt sich die Kirche als lichte spätgotische Hallenkirche mit farbig gefasstem Netzgewölbe. 1355 wurden Chor und Vierung gotisch umgestaltet, nach Abbruch des romanischen Vorgängerbaus leiteten Klaus Roder und Konrad Pflüger ab 1482 den Neubau des heutigen weiträumigen Kirchenschiffs. Unter Martin Luther, der hier 1539 persönlich predigte, hielt die Reformation Einzug. Wie traditionell zu historischen Anlässen sang auch damals der Thomanerchor, dem heute noch rund 100 Knaben angehören. Einer seiner berühmten Kantoren war Johann Sebastian Bach, der 1723 bis 1750 die Leitung innehatte. Die barocke Ausstattung wurde 1884 bis 1889 im Rahmen einer Restaurierung entfernt und gegen neugotische Sakralkunst getauscht.

Die Fassade der Thomaskirche stammt aus dem 19. Jahrhundert (unten). Die Rippen des Netzgewölbes sind aus Rochlitzer Porphyrtuff und bilden einen starken Kontrast zu dem hellen Mauerwerk der Kirche. Im lichtdurchfluteten Chor erstrahlt der Pauliner-Altar (rechts).

Die über 800 Jahre alte Anlage des Klosters zum Heiligen Kreuz, seit 1993 von den Benediktinern wieder mit klösterlichem Leben erfüllt, liegt eingebettet im mittelsächsischen Hügelland. Die Stiftskirche, als dreischiffige Pfeilerbasilika mit hohem Mittelschiff und niedrigen Seitenschiffen auf kreuzförmigem Grundriss errichtet, ist einer der bedeutendsten spätromanischen Bauten Mitteldeutschlands und beeindruckt durch ihre schlichte Strenge. Über Hochchor und Empore befand sich ein Kreuzgratgewölbe, das noch sichtbare gotische Gewölbe wurde im 15. Jahrhundert eingezogen. Eine Kostbarkeit ist der romanische Lettner. Die integrierten Figuren stellen Abraham, den Propheten Daniel, König David, Salomon und den heidnischen Priester Melchisedek dar, die Skulptur auf der rechten Seite Jesaja oder Hesekiel. Darüber sind Lettnerkanzel und Kreuzigungsgruppe angeordnet.

Die Triumphkreuzgruppe über dem Lettner zeigt Christus, der den Tod überwunden hat (links). Zu seiner Rechten symbolisiert Maria die Mutter Kirche, gegenüber steht Johannes. Liegend ist Adam dargestellt. Unten: Die romanische Architektur im Innern sorgt für eine besondere Stimmung.

Auf dem Burgberg stand erst eine viertürmige romanische Basilika, die eine zur Bistumsgründung im Jahr 968 erbaute Kapelle abgelöst hatte. Im 13. Jahrhundert wurden Chor und Querschiff des heutigen Doms St. Johannes und Donatus angelegt. Anschließend plante man ein Langhaus mit basilikalem Querschnitt, das 1390 fertiggestellt wurde. Wegen der relativ niedrigen Gesamthöhe des Langhauses glich man die Seitenschiffe in der Höhe an. So entstand eine gotische Halle von originellem Charakter, die architektonisch und in der bauplastischen Ausstattung die französischen Vorbilder frei rezipierte. Berühmt ist der Dom für die figürliche Skulptur des aus Frankreich stammenden Naumburger Meisters. Unter den sieben ihm zugeschriebenen Figuren finden sich an der Nordseite des Chors die Gründer des Bistums als Stifter des Doms, das Kaiserpaar Adelheid und Otto I.

Über dem Elbufer erhebt sich die Silhouette des Doms (links). Die oberen Geschosse der makanten Westtürme aus dem 14. Jahrhundert wurden erst Anfang des 20. Jahrhunderts vollendet. Der dritte »höckrige« Südostturm stammt aus dem 14. und frühen 15. Jahrhundert (unten links). Bilder unten Mitte und rechts: Blick gen Osten, gesäumt von den aufstrebenden Säulen, und auf das Westportal der Fürstenkapelle.

Der Ratszimmermeister George Bähr hatte bereits ein gehöriges Maß an Erfahrungen im Kirchenbau gesammelt, als er 1722 mit dem Entwurf der Dresdner Frauenkirche beauftragt wurde. 1743 wurde der Zentralbau mit seiner gewaltigen, an italienischen Vorbildern orientierten Kuppel, der »Steinernen Glocke«, vollendet. Bähr hatte damit eine der prachtvollsten protestantischen Barockkirchen geschaffen. Bei der Bombardierung Dresdens 1945 brannte die Frauenkirche aus, zwei Tage später stürzte sie ein. Zu DDR-Zeiten galt die Ruine als Mahnmal gegen den Krieg, zuletzt als Symbol der Friedensbewegung. Nach der politischen Wende mobilisierte der von den Bürgern der Stadt ausgesandte »Ruf aus Dresden« Kräfte und Mittel für den Wiederaufbau, der 2005 nach zehnjähriger Bauzeit – unter Verwendung katalogisierter Trümmersteine – abgeschlossen wurde.

2005 wurde die neue Frauenkirche in Dresden (ganz links: Außenansicht) geweiht. Menschen aus aller Welt hatten sich mit Spenden am Wiederaufbau beteiligt und das Gotteshaus zu einem Sinnbild der Versöhnung werden lassen. Der große Innenraum mit fünf Emporen, den Ausmalungen der steilen Innenkuppel (links) sowie Altar und Orgelprospekt (großes Bild) wurden dabei originalgetreu rekonstruiert.

August der Starke, Kurfürst von Sachsen, konvertierte 1697 zum katholischen Glauben und erfüllte damit eine der wichtigsten Voraussetzungen für seine Wahl zum polnischen König. Der Bau einer repräsentativen Kirche für den nun katholischen Hof kam jedoch erst unter Augusts Sohn, Friedrich August II., als König August III. ebenfalls König von Polen, zustande. Gaetano Chiaveri lieferte die Entwürfe für den grazil und gleichzeitig erhaben wirkenden Sakralbau, der ab 1738 im Stil des römischen Spätbarock errichtet wurde. Der Bildhauer Lorenzo Mattielli schuf 78 Statuen für den Turm und die Balustraden der Hofkirche. Da im protestantischen Dresden Prozessionen außerhalb von Kirchen untersagt waren, erhielt das Mittelschiff einen 3,5 Meter breiten Prozessionsumgang. 1980 wurde die Hofkirche zur Kathedrale St. Trinitatis des Bistums Dresden-Meißen erhoben.

Die Hofkirche, das Reiterstandbild König Johanns und der Hausmannsturm bilden die prächtige Kulisse des Theaterplatzes von Dresden (unten). Links: Die Silbermann-Orgel von 1753 ist das einzig erhalten gebliebene Werk des Meisters in Dresden. Ganz links: Im Haupschiff zieht das monumentale Altargemälde von Anton Raphael Mengs, das die Himmelfahrt Christi zeigt, die Aufmerksamkeit auf sich.

BAUTZEN

Der Dom St. Petri ist eine Simultankirche, in der seit der Reformation sowohl katholische als auch evangelische Christen ihre Gottesdienste feiern. An die Trennung der Konfessionen erinnert bis heute ein Gitter im Gotteshaus. Das Abendmahlbild drückt die Hoffnung auf die Einheit der Kirche aus. Der katholische Domteil prunkt mit einem Hochaltar aus sächsischem Marmor und einem Chorgestühl mit prachtvollen Verzierungen und Schnitzereien aus Eichenholz (beide 1723). Der Marienaltar am südlichen Chorumgang zeigt sich als spätgotischer Flügelaltar, der Kreuzaltar weist ein ausdrucksstarkes Kruzifix aus Lindenholz von Balthasar Permoser auf. Anschauliche Bilder und farbige Holzschnitzarbeiten schmücken den Sakramentsaltar. Im Südschiff befinden sich der Abendmahlsaltar für die evangelischen Gemeindemitglieder sowie eine Fürstenloge mit reichem Schnitzwerk.

Der Dom fügt sich stimmig in das mittelalterliche Stadtbild von Bautzen (links). Licht und hell wirkt das hohe Kirchenschiff im Innern (unten). Im Hintergrund ist der Hochaltar mit dem Altarbild »Schlüsselübergabe an Petrus« von Giovanni Antonio Pellegrini sowie dem Permoserkreuz zu erkennen. Orgelprospekt und -empore, Ratsloge mit Stadtwappen und Nordempore stammen vom Dresdner Architekten Fritz Schumacher (1910).

PANSCHWITZ-KUCKAU

St. Marienstern wurde von der Familie von Kamenz gestiftet. Um ca. 1250 begann der Bau der Klosteranlage, 1264 wurde sie offiziell in den Zisterzienserorden aufgenommen. Einfälle von Hussiten und der Dreißigjährige Krieg machten größere Instandsetzungen notwendig. Heute ist das Erscheinungsbild des Ensembles mittelalterlich und barock geprägt. Eines der ältesten Gebäude ist die dreischiffige, spätgotische Hallenkirche mit Kreuzgang und dem typisch zisterziensischen Dachreiter. Die Westfassade wurde in barocker Zeit mit Voluten und figürlicher Plastik verziert. Im Innern ersetzten spätgotische Altäre, barocker und neugotischer Kirchenschmuck die ursprüngliche Ausstattung. Mitte des 13. und in der ersten Hälfte des 18. Jahrhunderts erlebte das Kloster eine kulturelle Blüte. Noch im 19. Jahrhundert gehörte es zu den größten Grundherrschaften der Oberlausitz.

Die Klosteranlage St. Marienstern erscheint in ihrer weiß-roten Fassadengestaltung von außen betrachtet barock und verspielt (unten und rechts), birgt jedoch im Innern zahlreiche gotische Elemente aus verschiedenen Bauphasen – so auch die mit roten Backsteinziegeln verkleideten Säulen im Langhaus (ganz rechts).

OSTRITZ

1234 stiftete Königin Kunigunde von Böhmen das Zisterzienserkloster Marienthal. Heute gleicht der Bau einer barocken, schlossartigen Anlage. Die Abtei vereint weiträumige Wirtschaftshöfe, Gebäude wie das Äbtissinnenhaus mit Propstei und dahinter die vergleichsweise kleine Kirche – das älteste Gebäude des Konvents. 1244 als Klosterkirche geweiht, erlebte sie eine wechselvolle Geschichte. Einfälle durch die Hussiten, der Dreißigjährige Krieg und die Brände von 1515 und 1683 zogen sie und die umliegenden Gebäude in Mitleidenschaft und machten Baumaßnahmen notwendig. Eine grundlegende Erneuerung im Stil des Barock erfuhr die Abtei 1685. Bei der Renovierung der Kirche richtete man sich nach neuesten Maßstäben, rückte die Liturgie ins Zentrum und formte aus dem ursprünglichen einfachen Saalbau eine typisch böhmische Wandpfeilerhalle mit Nonnenchor.

Auf einem Postament aus Engelsköpfen und Wolken ragt die Dreifaltigkeitssäule (großes Bild) vor den charakteristischen rot-weiß gestrichenen Klostergebäuden (unten) auf. Gegen das Hochwasser vermag sie dennoch nicht zu helfen. Ende des 19. Jahrhunderts wurde die Kirche im spätnazarenischen Stil ausgemalt (ganz rechts).

KLOSTER ST. MARIENSTERN

KLOSTER ST. MARIENTHAL

Der Freiberger Dom St. Marien weist einige Ausstattungsmerkmale von überregionaler Bekanntheit auf. Höhepunkt und Meisterwerk der Spätromanik ist die Goldene Pforte, ein Sandsteinportal, dessen Gewände mit Skulpturen und aufwendig gearbeiteten Säulen reich verziert sind. Ihren Namen »gulden thure«, nachweisbar aus dem Jahr 1524, verdankt sie ihrer mittlerweile verblassten Farbenpracht. Im Tympanon ist das Thema der Epiphanie (Erscheinung des Herrn), dargestellt, im inneren Bogen der Archivolten die Krönung der Jungfrau Maria zur Himmelskönigin. Ungewöhnlich sind auch die beiden nebeneinander stehenden Kanzeln: die freistehende, künstlerisch wertvolle spätgotische Tulpenkanzel und die konventionelle Bergmannskanzel. Im Zweierpack gibt's hier auch die bereits zu Lebzeiten des Orgelbauers für ihre Qualität berühmten Silbermann-Orgeln.

Am Untermarkt der sächsischen Bergstadt Freiberg steht der Dom St. Marien (unten). Ein Blickfang ist das spätromanische Portal »Goldene Pforte« (ganz unten), innen beeindruckt das Mittelschiff mit der Silbermann-Orgel (großes Bild) und der Tulpenkanzel von 1505.

Im Jahr 1520 predigte hier der Theologe und Revolutionär Thomas Müntzer, der von Martin Luther nach Zwickau geschickt worden war. Seitdem St. Marien, eine spätgotische Hallenkirche mit barockem Turm, 1935 zum Dom erhoben wurde, heißt sie nun auch im Volksmund »Zwickauer Dom«. An der Außenfassade finden sich Propheten- und Apostelstatuen, an der Südseite das Hochzeitstor mit den »Törichten Jungfrauen«. Im Innern beeindruckt eine Pietà von Peter Breuer aus dem 16. Jahrhundert; auch die Kanzel und der Taufstein stammen aus dieser Zeit. Herausragend ist auch der spätgotische, sechsflügelige Wandelaltar des Nürnberger Malers Michael Wolgemuth aus der Zeit um 1480. Eine Herausforderung für die Baupflege stellt die tektonische Verschiebung aufgrund des Steinkohlebergbaus dar – dadurch hat sich das Gebäude mittlerweile um gut drei Meter abgesenkt.

Das Netzrippengewölbe des spätgotischen Baus stammt aus dem 16. Jahrhundert. Viele bauliche Details sorgen für einen harmonischen Gesamteindruck im Innern (links). Unten: Ausschnitt des sechstürigen Flügelaltars – ein Meisterwerk von Michael Wolgemuth aus dem Jahr 1480.

Ab dem Jahr 1541 diente der Chor als Grablege von insgesamt neun sächsischen Fürsten und ihren Familien. Wände und Decken sind reich mit Engeln und Epitaphen geschmückt. Die Instrumente der Engel lassen Rückschlüsse auf die Orchester und deren Klangwelten in der Zeit der Renaissance zu.

THÜRINGEN

Eng verbunden mit den thüringischen Kirchen und Klöstern sind Namen berühmter Persönlichkeiten. Goethe und Schiller waren tief beeindruckt von der Ruine der romanischen Klosterkirche Paulinzella. Den neuzeitlichen Kirchenbau prägte Martin Luther. In Erfurt war er als Mönch dem Augustinerkloster beigetreten, bevor er in Kirchen wie in Eisenach predigte. Man setzte seine Forderung nach Dreiteilung des Kirchenraums um und ordnete nacheinander Vorhalle, Gemeinderaum und Chorraum an. Auf Emporen bot man den Gäubigen genügend Platz, errichtete Kanzelaltäre und baute Orgeln ein.

Ein Wahrzeichen der Stadt ist das Ensemble von Dom und Severikirche auf dem Erfurter Domplatz, zu dem man erst 70 Stufen hinaufsteigen muss. Die nächtliche Beleuchtung verleiht den Sakralbauten eine ganz besondere Note und lässt ihre Silhouetten plastisch hervortreten.

MÜHLHAUSEN

MARIENKIRCHE

Die Marienkirche prägt mit ihrem hohen Westturm die Silhouette der Stadt. Sie wurde ab 1317 im gotischen Stil errichtet und zeugt von der mittelalterlichen Blütezeit Mühlhausens. Vor allem das reich verzierte Südportal des Querhauses, der Haupteingang der Kirche, gilt als ein Meisterwerk der Gotik. Vom romanischen Vorgängerbau sind noch der Nordturm und Teile des Südturms erhalten. Im Zuge der Reformation geriet sie ab 1517 in die Wirren des Bauernkriegs. 1525 sprach der Bauernführer Thomas Müntzer hier als Prediger zu den Aufständischen. Da gleichzeitig der Bildersturm heftig wütete, sind die meisten Ausstattungsstücke der Kirche späteren Datums, darunter drei spätgotische Flügelaltäre. Seit 1975 ist die Marienkirche keine Pfarrkirche mehr, sondern wird als kultureller Veranstaltungsraum genutzt und ist offizielle Müntzer-Gedenkstätte der Stadt Mühlhausen.

Ein Blick durchs Fenster fällt auf den Kirchturm der Marienkirche, der mit seinen knapp 87 Metern der höchste Turm Thüringens ist (unten). Der Hauptaltar (16. Jahrhundert) zeigt die Krönung Marias, flankiert von Johannes dem Täufer und dem Evangelisten Johannes (rechts).

Eine wechselvolle Geschichte überdauerte die größte Kirche Eisenachs. Gegründet von Ludwig III. im Jahre 1181, schlossen hier vermutlich Landgraf Ludwig IV. und die ungarische Königstochter Elisabeth den Ehebund. 1515 wurde sie zu einer dreischiffigen Hallenkirche umgebaut. Im gleichen Jahr auf der Reise zum Wormser Reichstag machte Luher eben hier halt, um zu predigen, wie auch auf dem Rückweg am 2. Mai – zwei Tage vor seiner Entführung auf die Wartburg. 1561 erfolgte die Weihe als protestantische Predigtkirche. Mit Rundpfeilern, die hohe, rundbogige Arkaden tragen, und den dreigeschossigen Emporen in den Seitenschiffen, die den Forderungen der Kirchentheoretiker nachkamen und der Gemeinde viel Platz boten, ist die Eisenacher Georgenkirche eines der ältesten Zeugnisse protestantischen Kirchenbaus. Johann Sebastian Bach wurde in ihr getauft.

Vom Marktplatz aus erblickt man den heiligen Georg beim Drachenkampf vor dem hohen Turm von St. Georgen (unten). Reich ausgestattet mit Bildern, Wandepitaphen, farbigen Glasfenstern und einem spätgotischen Taufstein ist der Altarraum der Kirche (links).

WEIMAR

Die Stadtkirche St. Peter und Paul ist auch als Herderkirche bekannt. Diesen Beinamen trägt sie nach dem berühmten Dichter und Theologen, der hier von 1776 bis 1803 als Oberhofprediger wirkte. Herders Wahlspruch »Licht Liebe Leben« ist in die Platte seines Grabes im westlichen Langhaus eingeschrieben. Die heutige Gestalt mit spätgotischer Halle erhielt die Kirche zwischen 1498 und 1500. Im 18. Jahrhundert wurde sie umfangreich renoviert und vor allem im Innenraum dem barocken Zeitgeschmack angepasst: Kanzel und Altar wurden mit Stuck gestaltet, auch Portale und Fenster erhielten barocke Formen. Eine Augenweide ist das dreiflügelige Altargemälde, das 1552 von Lucas Cranach d. Ä. begonnen und von seinem Sohn vollendet wurde. Seit 1998 gehört die Herderkirche als Teil des Denkmalensembles »Klassisches Weimar« zum Weltkulturerbe der UNESCO.

Im hellen Innenraum der barock umgestalteten Herderkirche ist vor allem der berühmte dreiflügelige Cranach-Altar aus dem 16. Jahrhundert ein Anziehungspunkt. Im Zentrum des Ölgemäldes steht die Kreuzigung Christi, rechts sieht man die Begleitfiguren Martin Luther und Lucas Cranach d. Ä. (unten und rechts).

ARNSTADT

Der heutige Bau der Johann-Sebastian-Bach-Kirche stammt aus dem Jahr 1676. Sehr schlicht präsentiert sich der Außenbau ohne Turm. Erstmals urkundlich erwähnt wurde der Vorgängerbau, eine gotische Hallenkirche, 1333. Ein Stadtbrand im Jahr 1581 zerstörte sie jedoch bis auf die Reste der Außenmauern und verschonte allein den südlichen Anbau. Erst nach einer Stiftung durch Gräfin Sophia Dorothea von Schwarzburg konnte die Kirche wiedererrichtet werden. Ihre gotischen Fenster wurden in den weiß-gold verzierten, rechteckigen Saalbau mit doppelgeschossigen Emporen und kantigem Abschluss im Osten integriert. Berühmtheit erlangte die Kirche durch Johann Sebastian Bach, der in den Jahren 1703 bis 1707 hier seine erste Stellung als Organist innehatte. Erst im Jahr 1935 erhielt die Kirche den Namen des großen Meisters der barocken Kirchenmusik.

Gleich mehrmals wechselte das Arnstädter Gotteshaus (rechts mit Hopfenbrunnen im Vordergrund) den Namen: von Bonifatius- über »Neue Kirche« zu Bachkirche. Die 1703 eingebaute Orgel wurde vom 18-jährigen Johann Sebastian Bach geprüft (großes Bild und ganz rechts).

HERDERKIRCHE

BACHKIRCHE

ERFURT

Auf einer Freitreppe steigt man hinauf zum Dom, dem bekanntesten Bauwerk der Landeshauptstadt Erfurt, und gewinnt schon von außen ein Bild von der überwiegend gotischen Formgebung. Errichtet wurde die Kathedrale ab Mitte des 12. Jahrhunderts, doch die heutigen Bauteile entstanden später: Das spätgotische Langhaus stammt aus dem 15. Jahrhundert, während der hochgotische Chor schon im 14. Jahrhundert errichtet wurde. Die Sockelgeschosse der massiven Türme sind noch romanischen Ursprungs. Im Mittelturm hängt seit 1497 die Glocke Maria Gloriosa, die zu den größten Glocken der Welt gehört und einen besonders schönen Klang hat. Im Kircheninnern sind neben vielen anderen Kunstwerken besonders die gotischen Chorfenster mit ihrer reichen Ikonografie sowie die romanische Bronzeleuchterfigur des heiligen Wolfram hervorzuheben.

Mit der benachbarten Severikirche bildet der Erfurter Dom (ganz links, im Vordergrund) auf dem Domberg ein beeindruckendes Ensemble. Figurenschmuck ziert die Portale (unten links). Der barocke Hochaltar (1697) fügt sich harmonisch in den gotischen Chor ein (unten Mitte und rechts). Eine gemalte Kostbarkeit ist der im Querschiff aufgestellte Einhornaltar aus dem frühen 15. Jahrhundert (links).

PAULINZELLA

Schon Goethe und Schiller zeigten sich von den malerischen Resten des ehemaligen Benediktinerklosters Paulinzella beeindruckt. Benannt wurde das Kloster nach der sächsischen Adligen Paulina, die es 1102 unter dem Namen Marienzelle gründete. 1112 begann mit der Errichtung der romanischen Säulenbasilika bis Mitte des 12. Jahrhunderts der Bau des Klosteranlage. Während der Bauernkriege wurde das Kloster stark geplündert und mit der Reformation 1536 ganz aufgehoben. Danach begann sein Verfall, bis die Romantiker im 18. Jahrhundert die Kirchenruine als Sehenswürdigkeit wiederentdeckten. Auf den Spuren der romantischen Dichter können die Besucher noch heute Teile des Mittelschiffs und des Querhauses sowie das romanische Portal betrachten. Über die Klostergeschichte informiert die Heimatstube im alten Zinsboden, dem früheren Klosterspeicher.

Die imposante Ruine des ehemaligen Benediktinerklosters gehört zu den Denkmalen aus der Zeit der Romanik. Von der 1124 geweihten Klosterkirche in Paulinzella stehen heute nur noch Architekturfragmente, durch die man nach oben zum Himmel blicken kann. Großes Bild: mit Rundbogenfenstern gegliederte Langhausmauer mit Giebel und Mittelschiffsarkaden. Links: romanisches Portal.

NORDRHEIN-WESTFALEN

Reliquienschreine, Marienbilder und Altäre schmücken die Kirchen Nordrhein-Westfalens und bezeugen die tiefe Prägung dieser Region durch den rheinischen Katholizismus. Mit der Marienbasilika in Kevelaer hat das Bundesland einen der populärsten Wallfahrtsorte Deutschlands vorzuweisen. Der Dom zu Aachen mit seinem exotisch anmutenden Oktogon gehört zu den schönsten Beispielen romanischer Architektur. Unübertroffen bleibt jedoch die Bistumsstadt Köln mit ihren romanischen Kirchen und dem Kölner Dom, der mit Meisterwerken von Nikolaus von Verdun und Stephan Lochner aufwartet.

Das Westwerk als ältestes noch erhaltenes Bauteil der Klosterkirche von Corvey stammt aus dem 9. Jahrhundert. Zwei Türme rahmen den hoch aufragenden Mittelteil ein. Rundbogenfenster und Lichtschlitze lassen den romanischen Ursprung der monumentalen Anlage erkennen.

Über der Grabeskirche des christlichen Märtyrers Viktor von Xanten wurde 1263 der Grundstein gelegt für den Dom St. Viktor. Fertiggestellt im Jahr 1544, nach fast 300-jähriger Bauzeit, stand das Gotteshaus dem Kölner Dom in seiner kirchengeschichtlichen Bedeutung nicht nach. 1937 wurde es zur »Basilica minor« erhoben. Die im gotischen Stil erbaute Kirche besteht aus einem fünfschiffigen Langhaus. Statt des üblichen Chorumgangs sind dem Chor paarweise vier Kapellen angeschlossen. Obwohl der Dom im Zweiten Weltkrieg durch Bomben massiv geschädigt wurde, konnten große Teile seiner wertvollen Ausstattung erhalten bleiben. Das bedeutendste Heiligtum des Domschatzes ist der Hochaltar, der von 1529 bis 1544 als Meisterwerk der frühen Renaissance am Rhein entstand. Er birgt einen kostbaren Schrein, in dem sich die Gebeine des Viktor von Xanten befinden sollen.

Für die prachtvolle Innenausstattung des Doms St. Viktor wurden viele namhafte Künstler verpflichtet. Ein Hauptwerk der Hochrenaissance ist das Retabel des Hochaltars (großes Bild) aus dem Jahr 1529, das Legenden der Heiligen Viktor und Helena verbildlicht. Der Lettner (unten links) stammt aus dem 14. Jahrhundert. Links: Reich mit farbenfrohen Skulpturen sind die Nischen des Antoniusaltars bestückt.

Die Entstehung der Kevelaer Wallfahrt geht auf ein 1641 verbürgtes Erlebnis eines Händlers namens Hendrick Busmann zurück, der einer Anrufung folgend eine Kapelle errichten ließ. Die niederrheinische Kleinstadt, in deren Zentrum die Kerzen-, die Beicht- und die Gnadenkapelle liegen, entwickelte sich zu Nordwesteuropas größtem Wallfahrtsort, der von den jährlich bis zu einer Million Pilgern lebt. Die großen Wallfahrtsgottesdienste finden zwar in der neugotischen Marienbasilika (1858 bis 1864) statt, das eigentliche Ziel ist allerdings das Gnadenbild – ein Kupferstich mit dem lateinischen Spruchband »Trösterin der Betrübten, bitte für uns« –, das Busmanns Eingebung folgend 1642 auf einem Bildstock installiert wurde, um den herum 1654 ein sechseckiger Kuppelbau errichtet wurde mit einer portalartigen Fensteröffnung. Die Ausstattung stammt aus dem 19. Jahrhundert.

Die Marienbasilika (großes Bild) überragt mit ihrem 90 Meter hohen Turm den nahe gelegenen kleinen Zentralbau der Gnadenkapelle (unten links). Ihr Inneres gilt als einer der farbenprächtigsten Kirchenräume des Rheinlands (großes Bild und unten). Ziel der Kevelaerer Wallfahrt ist die »Kerzenkapelle« mit dem Gnadenbild der »Trösterin der Betrübten« für die Kerzen gespendet werden (links und ganz unten).

MÜNSTER

Auf mehr als 1200 Jahre blickt die Stadt Münster inzwischen zurück, und hier ist die Stadtgeschichte zunächst einmal die Geschichte der Kirchen. Bereits im Jahr 793 hatte der Missionar und spätere Bischof Liudger hier ein Kloster gegründet; bald darauf folgte ein erster Dombau. Im Jahr 1225 ließ Bischof Dietrich von Isenburg den Grundstein zum heutigen St.-Paulus-Dom legen. Während das aus gelbem Sandstein errichtete Bauwerk noch den monumentalen Stil der Romanik erkennen lässt, zeigen die Details der Fassaden Merkmale der Spätgotik. Der einst reiche Bilderschatz des Doms wurde durch Kriege, Brände und die Zerstörungen der Wiedertäufer stark angegriffen. Bis heute zählen die astronomische Uhr aus dem 16. Jahrhundert, das Altarkreuz sowie die liturgischen Geräte des Domschatzes zu den wertvollsten Ausstattungsstücken der Kirche.

Die sandsteinfarbenen Doppeltürme des größten westfälischen Sakralbaus (ganz links) beherrschen den Domplatz der Stadt Münster. Im Innern der Bischofskirche sorgen weit gespannte Arkadenbogen für eine ungewöhnliche Raumwirkung (großes Bild). Dort befinden sich auch die bis heute funktionierende astronomische Uhr (unten) und das aus Eichenholz geschnitzte Altarkreuz aus dem 13. Jahrhundert (links).

Auf den Fundamenten von vier Vorgängerbauten entstand 1375 bis 1450 eine reich mit Krabben und Fialen geschmückte Hallenkirche – als bedeutendes Werk der westfälischen Spätgotik. Der nach dem Vorbild des Freiburger Münsters gestaltete vielfach durchbrochene Westturm stammt aus den Jahren 1888/89. Zu den bekanntesten Ausstattungsdetails der Lambertikirche gehören die drei außen am Turm hängenden Körbe, in denen 1536 die Leichname der Anführer der sogenannten Wiedertäufer zur Schau gestellt wurden. Anhänger der radikalen reformatorischen Bewegung hatten zuvor im Kampf um ein nach ihren Vorstellungen wahres Christentum die Altäre der Kirche verwüstet. Der Bombenhagel des Zweiten Weltkriegs zerstörte große Teile der Lambertikirche. Es dauerte mehr als zehn Jahre, bis das Gotteshaus wieder in seinen alten Zustand zurückgeführt worden war.

Am Prinzipalmarkt hat die Stadt- und Marktkirche St. Lamberti ihren Standort (links). Auf ihrem Turm verrichtet einer der letzten Türmer Europas seinen Dienst und bläst abends sein Kupferhorn. Am Hauptportal der Kirche erheben sich Steinfiguren der Apostel und Kirchenväter (großes Bild). Das Langhaus der dreischiffigen Hallenkirche, hier mit Blick zum Altar (unten links), wird durch schlanke Pfeiler gegliedert.

MINDEN

DOM

Mit der Gründung des Bistums Minden um 800 durch Karl den Großen setzt auch die Geschichte des Mindener Doms ein. Auf eine schlichte, turmlose Saalkirche folgte eine dreischiffige Basilika mit monumentalem Westwerk. Im 12. Jahrhundert reduzierte man dieses zu einem Westriegel, und im 13. Jahrhundert entstand schließlich die gotische Hallenkirche, die 1290 geweiht wurde. Das Gotteshaus in seiner heutigen Form ist also geprägt vom Stil der Frühromanik, der Spätromanik, der Hochgotik und der Spätgotik. Bis zur Reformation besaß der Dom den Rang einer Bischofskirche, heute ist er katholische Pfarrkirche. Herzstück des Doms war bis ins 17. Jahrhundert hinein die als Hochaltar gestaltete Goldene Tafel, die aus einer schreinartigen Predella (um 1220) und einem Flügelretabel (um 1425) bestand. Seit 2002 präsentiert sich im Hochchor eine Nachbildung der Goldenen Tafel.

Inmitten der Altstadt von Minden thront der im 12. Jahrhundert errichtete Dom. Glatte, kubische Formen dominieren das monumentale Erscheinungsbild des Westriegels (rechts). In den Sommermonaten ist der vorgelagerte Domhof ein beliebter Ort für Konzertveranstaltungen.

MARIENMÜNSTER

Die für ihre sakralen Kunstschätze berühmte Abtei Marienmünster wurde 1128 von Graf Widukind I. von Schwalenberg gestiftet. Das ursprüngliche Kirchengebäude entstand nach 1150 als dreischiffige romanische Basilika. Im Verlauf des Dreißigjährigen Kriegs mehrmals zerstört, erfuhr das Gotteshaus im Zuge des Wiederaufbaus mehrfach gravierende Umgestaltungen. Das Langhaus erweiterte sich zur Halle, der Vierungsturm erhielt eine barocke Turmhaube. Außerdem entstand ein neuer Chor, dem sich später noch eine Sakristei anschloss. Aufgrund erheblicher Bauschäden entschied man sich Mitte des 19. Jahrhunderts, das südliche Seitenschiff und die beiden Westtürme neu zu errichten. Im Zuge der Säkularisierung wurde das Kloster 1803 aufgehoben. Heute wird das Kloster von niederländischen Patres aus dem Orden der Passionisten bewohnt.

Die Abteikirche wurde seit ihrer Entstehung im 12. Jahrhundert stark verändert. Im 17. Jahrhundert wurde sie mit prächtigem barocken Inventar ausgestattet, das teils noch heute erhalten ist – so etwa der Hochaltar und die Seitenaltäre von Paul Gladenbach (rechts und ganz rechts).

DOM

Trutzig erhebt sich weithin sichtbar der in der Formensprache noch romanische Westturm der eindrucksvollen Paderborner Bischofskirche, die St. Maria, St. Liborius und St. Kilian geweiht ist. Die Reliquien des Kirchenpatrons Liborius von Le Mans ruhen seit dem Mittelalter in der außergewöhnlich großen Krypta. Der Bau aus dem 13. Jahrhundert, der auf romanischen Vorgängerbauten fußte, musste nach dem Zweiten Weltkrieg grundlegend erneuert werden. Für Westfalen wurde der Typus der dreischiffigen Hallenkirche wegweisend. Man betritt sie seitlich über eine kleine Eingangshalle, in die das Paradiesportal (vor 1240) führt. Der vollplastische und reliefierte Figurenschmuck sowie die Kapitelle weisen formal nach Frankreich. Reliefs finden sich auch an der Giebelwand des Querschiffs sowie im Kreuzgang mit dem berühmten Dreihasenfenster aus dem frühen 16. Jahrhundert.

Die Front des südlichen Querhausarmes (links, im Vordergrund) zeigt reichen skulpturalen Schmuck: Figurenreliefs im unteren Fassadenteil sowie sechs Apostelskulpturen, die den Giebel links und rechts säumen. Den krönenden Abschluss bildet Christus oben auf der Spitze.

ABTEIKIRCHE

Am Rande von Höxter gründete Ludwig der Fromme, der Nachfolger Karls des Großen, im Jahr 822 ein Kloster; die ersten Mönche kamen aus der französischen Abtei Corbie an der Somme, und so erhielt die Neugründung den Namen »Neu-Corbie«, lateinisch Nova Corbeia: Corvey. Die kaiserliche Gründung hatte Bestand. Das neue Kloster war bald eine wichtige Zentrale kirchlicher Missionierungsbemühungen und dank der Reliquien des heiligen Vitus auch eine beliebte Pilgerstätte, die der Führung des Reiches eng verbunden blieb. Könige hielten in der Reichsabtei Hof, die Mönche waren von Adel, und aus dem intellektuellen Zentrum der Klosterschule gingen viele kirchliche und weltliche Führungspersönlichkeiten hervor. Doch vor der Säkularisierung bot selbst die Erhebung des Klosters zum Fürstbistum keinen Schutz: im Jahr 1803 wurde das Kloster unweigerlich aufgehoben.

Die weitläufige Anlage der einstigen Benediktinerabtei (links) beeindruckt bis heute; rechts hinten erkennt man das zweitürmige Westwerk der Abteikirche aus dem 9. Jahrhundert, das älteste Baudenkmal in Westfalen. Altarbilder und Epitaphe aus dem 17. und 18. Jahrhundert schmücken das Innere der barocken Klosterkirche (großes Bild). An der Ausstattung waren die Bildschnitzer der Werkstatt Sasse beteiligt.

Während manche beim Anblick des Mariendoms an eine Felsformation denken, bringen andere die zusammengerückten kristallinen Baukörper mit einer Zeltkonstruktion in Verbindung. Der Bau aus Sichtbeton mit seiner expressiven Formensprache lässt vielerlei Assoziationen zu. Die Wallfahrtskirche, die 1968 geweiht wurde, ist ein Meisterwerk Gottfried Böhms, der aus einer berühmten Architektendynastie stammt. Die plastische Formbarkeit von Beton kam dem Gestaltungswillen des Bildhauers und Pritzker-Preisträgers entgegen; er setzte dieses Baumaterial bei seinen knapp 70 Sakralbauten immer wieder ein und konnte so auch bei dem Wettbewerb zu dem Neubau von »Maria Königin des Friedens« überzeugen, der aufgrund der großen Massen an Pilgern notwendig geworden war. Seit dem 17. Jahrhundert ist das Gnadenbild der Maria Immaculata Ziel der Wallfahrt von Velbert.

Abendliches Licht-und-Schatten-Spiel betont die Auffassung des Gebäudes als Skulptur (links). Im Innern empfängt den Pilger ein Raum, der dank der Farbglasfenster – trotz seiner Größe und der Nüchternheit des Baustoffs Beton – sakrale Atmosphäre verströmt. So manches im Dom lässt sich symbolisch deuten – so das Rosenmotiv als Marienzeichen (unten) oder die in einen Pfeiler integrierte Kanzel (links unten).

Inmitten der Ruhrmetropole legt der nach den Verwüstungen während des Zweiten Weltkriegs wiederaufgebaute mittelalterliche Dom Zeugnis ab von einer Geschichte, die zurückreicht in karolingische Zeit, als 845 hier ein Damenstift gegründet wurde. Das heutige Erscheinungsbild geht allerdings auf einen ottonischen Bau zurück, von dem neben der mehrschiffigen Kryptenanlage das sogenannte Westwerk erhalten blieb, durch das die Kirche betreten wurde. Von außen ein nahezu quadratischer Turm mit achteckigem Glockengeschoss und zwei Treppentürmen, ist die Anlage von innen eine komplexe Baukonstruktion mit einem doppelgeschossigen, um den Westchor herumführenden Nischenumgang. In den übrigen Bauteilen spricht die für die damalige Zeit ungewöhnlicherweise in einem Hallenchor endende Kirche die Formensprache der Gotik mit ihren typischen Spitzbogen.

Der mittelalterliche Dom (links) steht am Burgplatz im Zentrum der City und ist in Essen gemeinhin als Münsterkirche bekannt. Der Bau ist als Hallenkirche konzipiert – Seitenschiffe und Hauptschiff haben die gleiche Raumhöhe (großes Bild). Es gibt keine ältere erhaltene Marienskulptur der abendländischen Kunst als die aus dem späten 10. Jahrhundert stammende Sitzfigur mit Jesuskind (unten), die im Dom verehrt wird.

Der Dom wird heute von Katholiken und Protestanten in konfessioneller Parität genutzt: eine Bedingung, die der preußische König im 19. Jahrhundert an die umfängliche Restaurierung der nach der Säkularisierung stark zerstörten Anlage knüpfte. Ursprünglich gehörte die Klosterkirche zu einer Zisterzienserabtei. Der Reformorden legte 1259 den Grundstein zu einem Neubau im gotischen Stil, dessen Weihe 1379 erfolgte. Die asketischen Ordensregeln forderten den Verzicht auf üppigen Bildschmuck sowie bescheidenere Dachreiter anstelle himmelstrebender Türme. Die Kargheit wird in der dreischiffigen Basilika mit Chorumgang und Kapellenkranz überlagert von den Gestaltungsprinzipien der französischen Gotik. Berühmt ist der Dom für seine farbigen, ornamentierten Glasfenster. Das um 1400 fertiggestellte Westfenster gilt als das größte Farbglasfenster nördlich der Alpen.

Einer Burg Gottes gleich ragt der Altenberger Dom – eine der schönsten gotischen Kirchen Deutschlands – zwischen den Baumwipfeln auf (links). Im weitläufigen Innenraum mit seinem hohen Deckengewölbe und den schlichten hellen Säulen atmet man den Geist der Gotik: Strenge klare Linien und nach oben strebende Bogen bestimmen den Raum. Die ältesten Glasfenster des Doms befinden sich im Chorumgang (unten).

Die Scheiben des Westfensters im Dom zu Odenthal wurden vermutlich von einem anonymen Künstler Ende des 14. Jahrhunderts entworfen und zeigen das Himmlische Jerusalem. Die Stifter der gläsernen Kostbarkeit, Anna von der Pfalz und Wilhelm II. von Berg, sind ebenfalls im Fenster dargestellt.

AACHEN

Den Grundstein für den Dom (Weltkulturerbe der UNESCO) legte Kaiser Karl der Große mit dem Bau der im Jahr 800 geweihten Pfalzkapelle. Sie wurde nach Plänen von Odo von Metz auf oktogonalem Grundriss erbaut. Unter der später mit Mosaiken versehenen Kuppel zieht sich ein zweigeschossiger Umgang um den Innenraum. Die Ausgestaltung des Doms orientierte sich an römischen ebenso wie an byzantinischen Vorbildern und ist Ausdruck des umfassenden Machtanspruchs Kaiser Karls des Großen. In den folgenden Jahrhunderten wurden Umbauten nötig, um Platz für die Krönungszeremonien wie für die Pilger zu schaffen, die zum Grab Karls des Großen drängten. Beeindruckend sind die Fenster des gotischen Hallenchors. In der Mitte des Chorraums steht der von 1200 bis 1215 entstandene Karlsschrein. Der Aachener Domschatz birgt das wertvollste Reliquiar nördlich der Alpen.

Der Aachener Dom ist nicht nur ein bedeutendes Denkmal karolingischer Baukunst, sondern auch Symbol deutscher Geschichte. Die Nordfassade zum Katschhof hin (ganz links) lässt das byzantinisch beeinflusste Oktogon (unten: Innenansicht) besonders deutlich erkennen. Eindrucksvoll auch die Innenausstattung, etwa der Barbarossaleuchter aus dem 12. Jahrhundert (großes Bild) oder der Karlsthron in der Pfalzkapelle (links).

»Glashaus von Aachen« wird die am Vorbild von Sainte-Chapelle in Paris orientierte monumentale Chorhalle des Doms mit ihren über 1000 Quadratmetern bemalter Glasfläche auch genannt. Ein raffiniertes Verankerungssystem erlaubte die Auflösung der Wände in bis zu 27 Meter hohe Fenster.

Der Kölner Dom (Weltkulturerbe der UNESCO) gehört zu den größten Kirchen im gotischen Baustil. Das Gotteshaus wurde nach dem Vorbild französischer Kathedralen entworfen, Umgänge und Raummaße jedoch auf die große Zahl der Pilger ausgerichtet, die die Reliquien der Heiligen Drei Könige aufsuchen. Die Pläne für die monumentale Westfassade stammen von 1310. Seine heutige Gestalt erhielt der Dom zwischen 1842 und 1880. Einschließlich Umgangschor und Kapellenkranz misst der Innenraum der fünfschiffigen Basilika 6000 Quadratmeter. Mit dem Dreikönigsschrein von Nikolaus von Verdun beherbergt der Kölner Dom ein Meisterwerk der rheinischen Goldschmiedekunst. Der Chorumgang birgt das berühmte Dombild von Stephan Lochner (1440) und das romanische Gerokreuz aus dem 10. Jahrhundert. Der Dom besitzt eine der reichsten Schatzkammern Deutschlands.

Die mächtigen Doppeltürme des Kölner Doms dominieren die Silhouette der Altstadt (unten links). Das Zentrum im Innenraum bildet der Dreikönigsschrein (links ein Ausschnitt), eines der wertvollsten Reliquiare des Mittelalters. Unten: Blick ins Kirchenschiff mit den hohen Gewölben, die von filigranen Strebepfeilern und Bogen getragen werden. Ganz links: Portal der Südfassade mit den Bronzetüren von Mataré.

Schon geschlossen ist Stephan Lochners Dreikönigsaltar im Dom monumental: Auf zwei Flügeln mit einer Höhe von 2,60 Meter und einer Breite von 2,85 Meter ist die Verkündigung Marias dargestellt. Geöffnet, präsentiert sich der um 1442 entstandene Altar in doppelter Breite: Die im Zentrum thronende Maria mit Jesus im Arm wird von den Heiligen Drei Königen angebetet. Der linke Flügel zeigt die heilige Ursula mit Jungfrauen, während der heilige Gereon den rechten Fügel bestimmt. Der Klarenaltar ist älter und größer: Gefertigt wurde er um 1350, bei 2,80 Meter Höhe nimmt er bei zwei geöffneten Flügelpaaren 6,10 Meter Breite ein. Nur an besonderen Festtagen werden die Flügel ausgeklappt. Dann offenbart sich ein feines Schnitzwerk, darunter die zwölf Apostel als 55 Zentimeter hohe Skulpturen. Die Restaurierungsarbeiten wurden 1970 angegangen und dauerten zwölf Jahre.

Der Dreikönigsaltar von Stephan Lochner, ein Triptychon aus dem 15. Jahrhundert, ist eines der Prunkstücke des Doms (links). Nicht weniger bedeutend ist der rund 100 Jahre ältere Klarenaltar (großes Bild), der sich ursprünglich in der Kirche St. Clara befand. Im Bild (unten) die Hochfeiertagsöffnung des mit doppeltem Flügelpaar versehenen Altars, bei der die geschnitzten Figuren der zwölf Apostel zu sehen sind.

Wenn eine der romanischen Kirchen Kölns ihrem Namen gerecht wird, dann ist es Groß St. Martin: Mächtig dominiert sie das Stadtpanorama – und das seit ihrer Fertigstellung um das Jahr 1250. Mit dem Bau des heute etwas höheren Doms hatte man erst wenige Jahre zuvor begonnen. Der wuchtige Vierungsturm wird von vier Ecktürmchen begrenzt und hat sich in dieser Einmaligkeit zu einem Wahrzeichen der Stadt Köln entwickelt. Entsprechend entsetzt waren die Kölner, als 1942 das Dach des Gotteshauses brannte und kurz vor Ende des Zweiten Weltkriegs 1945 der Turm und weite Teile der Kirche bei einem Luftangriff zerstört wurden. Der Symbolwert war groß, als der Wiederaufbau des Turms 1965 abgeschlossen war und die gesamte Kirche 1985 in neuem Glanz erstrahlte. Im Innern haben sich Fragmente historistischer Malereien aus dem 19. Jahrhundert erhalten.

Groß St. Martin mit seinem Kreuzrippengewölbe und den farbigen Rundbogenfenstern markiert den Übergang vom romanischen zum gotischen Baustil (großes Bild). Der quadratische Vierungsturm mit seinen vier Ecktürmen (unten) erhebt sich eindrucksvoll über dem Kölner Fischmarkt.

KÖLN

ST. APOSTELN

Zwischen den Geschäftshäusern und im Verkehrsgewühl rund um den Neumarkt ragt ein ruhender Pol hervor: St. Aposteln. Mit seinen über 65 Metern setzt der Westturm aus dem 12. Jahrhundert ein Signal gegen den weltlichen Trubel. Der von einem achteckigen Türmchen gekrönte Vierungsturm hat ebenfalls acht Ecken, in etwa den gleichen Grundriss haben die beiden Türme der Ostseite. Berühmt ist St. Aposteln allerdings für eine andere Form: Der Chor im Osten ist als Kleeblatt ausgeführt. Dort zeigt sich ein gelungenes Beispiel dafür, dass sich Bauten der Vergangenheit nicht der Moderne verschließen sollten. Nach den Zerstörungen des Zweiten Weltkriegs und dem Wiederaufbau blieben die drei Apsiden und Tonnengewölbe lange Zeit ungeschmückt. 1988 begann die moderne Ausmalung, die 1994 abgeschlossen wurde und sich harmonisch in die Gesamtausstattung einfügt.

Der Drei-Konchen-Chor von St. Aposteln wurde in den 1980er-Jahren vom Künstler Herrmann Gottfried ausgemalt. Die im kubistischen Stil gestalteten Bilder zeigen Szenen aus der Johannesoffenbarung und ergänzen den mittelalterlichen Kirchenraum um moderne Elemente.

KÖLN

ST. KUNIBERT

St. Kunibert ist die jüngste der zwölf romanischen Kirchen in Köln. Ein Jahr, nachdem der noch unfertige Bau 1247 geweiht wurde, begannen die Arbeiten am gotischen Dom, der alle anderen Sakralbauten in den Schatten stellen sollte. St. Kunibert war auch die letzte der Kirchen, die nach den Bombentreffern des Zweiten Weltkriegs wiederhergestellt wurde – erst 1992 waren die Arbeiten abgeschlossen. Das Gotteshaus wartet mit einem Schatz auf, der in Deutschland einmalig ist. Die Fenster des Chors wurden um das Jahr 1230 gefertigt und haben fast acht Jahrhunderte nahezu unbeschadet überdauert. Sie blieben hinter einem Altaraufbau verdeckt und wurden somit nicht – wie andernorts geschehen – während der Aufklärung zerstört. In den Kriegsjahren hatte man sie wohlweislich eingelagert. Die Innenausmalung des 19. Jahrhunderts wurde dagegen völlig verwüstet.

Eine Besonderheit der romanischen Kirche St. Kunibert sind die im Originalzustand erhaltenen Buntglasfenster aus dem frühen 13. Jahrhundert. Die Bildmotive sind der Bibel und Heiligenlegenden entnommen – so etwa Szenen aus dem Leben des heiligen Kunibert.

Die 1227 entstandene Kuppel von St. Gereon muss in einem Atemzug mit den Kuppeln der Hagia Sophia in Istanbul und des Florentiner Doms genannt werden. Die drei sind die gewaltigsten ihrer Bauart, die vor der Neuzeit errichtet wurden. Die Kölner Kirche geht auf einen spätantiken ovalen Bau mit acht Nischen zurück. Aus dem 13. Jahrhundert stammt der Umbau zu einem Zehneck (Dekagon), wie es sich heute präsentiert. Die Kuppel wölbt sich in rund 34 Meter Höhe, seit einigen Jahrzehnten unterstreicht die purpurrote Bemalung des Innern die Wucht der Architektur. Zusätzliche goldene Zungen erinnern an das Pfingstwunder. Fast hätte St. Gereon das 21. Jahrhundert nicht erlebt, denn im Kriegsjahr 1941 brachte ein Bombentreffer die Stabilität des Dekagons ins Wanken. Erst ab 1984 war das Gebäude so weit hergerichtet, dass wieder ein Gottesdienst stattfinden konnte.

Ein 26-teiliger Zyklus von Buntglasfenstern, der reliefartig gestaltetete Fußboden, Fresken aus dem 13. Jahrundert sowie die gewaltigen Dimensionen des zehneckigen Kuppelraums (großes Bild) machen die Einzigartigkeit von St. Gereon aus (links: Außenansicht). Überwältigend ist der Blick hinauf in die neu gestaltete rote Kuppel mit den goldenen Zungen, die das biblische Pfingstwunder symbolisieren (unten rechts).

BONN

Auf den Gräbern der beiden Stadtpatrone Cassius und Florentius wurde im 11. Jahrhundert das Bonner Münster errichtet. Die dreischiffige Kreuzbasilika, die gotische und romanische Einflüsse vereint, war die erste Großkirche im Rheinland. In ihren geschichtsträchtigen Hallen wurden Friedrich III. von Österreich, genannt der Schöne, und Karl IV. zum deutschen König gekrönt. Lange vor der Errichtung der Kirche befand sich hier bereits eine Kultstätte. 1928 fand man nämlich bei Ausgrabungen unter dem Münster eine Totengedächtnisstätte aus der Spätantike, die als Keimzelle der Stadt Bonn und gleichzeitig als ältestes christliches Zeugnis der Region zu werten ist. Zu den bedeutendsten Ausstattungsstücken des im Jahr 1956 zur »Basilica minor« erhobenen Münsters gehören der Hochaltar, die bronzene Statue der heiligen Helena, der Kreuzgang und die Krypta.

Herrscht bei der äußeren Gebäudeform noch Romanik und Gotik vor (rechts), so ist der Innenraum (Mitte) vor allem von der Epoche des Barock geprägt. Das Kreuzgratgewölbe der Krypta (ganz rechts) entstand um 1050 und beherbergt den Schrein der beiden Stadtpatrone.

BONN

Hoch oben auf dem Kreuzberg erhebt sich die Kreuzbergkirche – eine barocke Schöpfung. Bereits vor ihrer Errichtung galt der Kreuzberg als Wallfahrtsstätte zur Verehrung des heiligen Kreuzes. Nachdem die ursprüngliche Kreuzkapelle zusammengestürzt war, veranlasste Erzbischof und Kurfürst Ferdinand den Neubau, der zunächst unter der Obhut der Bettelmönche des Servitenordens stand. 1855 übernahmen Jesuiten, 1889 Franziskaner die Kirche, heute ist sie ein Zentrum für internationale Bildung und Kulturaustausch. Mitte des 18. Jahrhunderts ließt Erzbischof und Kurfürst Clemens August den Innenraum neu ausstatten und stiftete die an den Chor angebaute »Heilige Stiege«, die zur Hauptattraktion der Kreuzbergkirche geworden ist. Der Vorbau, unter Mitwirkung von Balthasar Neumann entstanden, stellt das Haus des Pontius Pilatus dar.

Aufgrund ihrer prachtvollen Ausstattung wird in der Kreuzbergkirche gern geheiratet. Davor befindet sich die »Heilige Stiege«, die mit Figuren von Jesus, Pilatus und einem Kriegsknecht geschmückt ist (rechts und Mitte). Ihre Wände und Decken zieren biblische Motive (ganz rechts).

KREUZBERGKIRCHE

HESSEN

Der Limburger Dom, die ausgedehnte Klosteranlage Eberbach im Rheingau oder die Krönungskirche der deutschen Kaiser St. Bartholomäus in Frankfurt – sie sind allesamt bedeutende Sakralbauten dieses Bundeslands in der Mitte Deutschlands. Das zeitlich-stilistische Spektrum reicht von der Torhalle aus karolingischer Zeit über die spätromanische Basilika und die gotische Hallenkirche bis zur russisch-orthodoxen Kapelle. Ein besonderes Erlebnis ist der vom römischen Barock inspirierte Hohe Dom zu Fulda mit seinen blendend weißen Mauern und der mächtigen Kuppel.

Kühn auf einem Felsen wacht die ehemalige Stiftskirche St. Lubentius in Dietkirchen über das Lahntal. Ungewöhnlich an der auf das 11. Jahrhundert zurückgehenden romanischen Basilika ist die Verbindungsbrücke zwischen den beiden Türmen unterhalb der Rhombendächer.

Zwischen 1235 und 1283, also bereits vor dem Kölner Dom errichtet, ist die Elisabethkirche in Marburg der erste rein gotische Kirchenbau im deutschen Kulturgebiet. Ausgehend vom Vorbild der französischen Kathedralen, schufen die Baumeister hier einen neuen Kirchentypus, der für die deutsche Gotik prägend war. Als Grabstätte der heiligen Elisabeth von Thüringen war das Gotteshaus einst eine bedeutende Wallfahrtsstätte, und noch heute gehört der goldene Elisabethschrein in der Sakristei zu den wichtigsten Exponaten der Sakralkunst. Da die Kirche Eigentum des Deutschen Ordens war, blieb sie nach der Reformation zunächst katholisch. Unterbrochen von einer kurzen Zeitspanne (1811–1827) als Simultaneum, dient die Elisabethkirche seit 1539 den Protestanten. In der Kapelle im Nordturm ist der ehemalige Reichspräsident Paul von Hindenburg bestattet.

Die aus Sandstein erbaute gotische Hallenkirche hat einen kreuzförmigen Grundriss (ganz links). Hinter dem Kreuzaltar (mit Kreuz von Ernst Barlach) trennt ein reich verzierter Lettner (links) den Laien- vom Chorbereich, dahinter fällt im Hohen Chor das Licht durch farbige Maßwerkfenster auf den Hochaltar (großes Bild). Unten links: Tympanon des Hauptportals (»Pforte des Himmels«) mit Maria und Jesuskind.

FULDA

Den römischen Barock und den Petersdom vor Augen, entwarf der Baumeister Johann Dientzenhofer den Dom St. Salvator, auch Hoher Dom zu Fulda genannt. Das von 1700 bis 1712 errichtete barocke Bauwerk erhebt sich auf den Fundamenten der im 9. Jahrhundert entstandenen Ratgarbasilika. Das entgegen kirchlicher Gewohnheit nach Westen statt nach Osten ausgerichtete Gebäude hat die Form eines Doppelkreuzes und wird von einer mächtigen Kuppel gekrönt. Das Hauptportal wird von vier Dreiviertelsäulen gerahmt, im reich verzierten Innenraum fallen die überlebensgroßen Apostelstatuen von Giovanni Battista Artari ins Auge. Der Dom beherbergt die Gebeine des heiligen Bonifatius, des Apostels der Deutschen, und ist Ziel der jährlich stattfindenden Bonifatiuswallfahrt. 1752 wurde der Dom zur Kathedralkirche des Bistums Fulda erhoben.

Anklänge an den Petersdom in Rom zeigt der reich ausgeschmückte Innenraum des Fuldaer Doms (großes Bild). Der als Baldachin gestaltete Hochaltar bildet mit seiner schwarz-goldenen Farbgebung einen reizvollen farblichen Kontrast zu den weiß getünchten Wänden (ganz rechts).

PETERSBERG

Die Bergkirche St. Peter in der Nähe von Fulda blickt auf eine Geschichte von über elf Jahrhunderten zurück. Mitte des 9. Jahrhunderts wurden auf dem Petersberg auf Geheiß des Fuldaer Abtes Hrabanus Maurus eine Basilika und ein Benediktinerkloster errichtet. Auch wenn das Kirchengebäude im 15. Jahrhundert im spätgotischen Stil umgebaut wurde, sind Teile des ursprünglichen Baus, wie die Krypta und mit ihr Wandmalereien aus karolingischer Zeit – die ältesten Deutschlands –, erhalten geblieben. Die Krypta ist die Ruhestätte der heiligen Lioba, weshalb das Gotteshaus auch als Liobakirche bezeichnet wird. Während der Bauernkriege im 16. Jahrhundert wurden ihre Gebeine nach Fulda überführt, erst 1995 kehrten sie wieder nach St. Peter zurück. 1803 wurde das Kloster aufgelöst, 2007 siedelten sich unterhalb der Kirche in der Cella St. Lioba wieder Benediktinerinnen an.

Von den warmen, dunkelroten Tönen der Wände des Langhauses von St. Peter (großes Bild) heben sich die seltene Holzdecke sowie der helle Altarraum ab. Reich mit figürlichen Darstellungen und gedrechselten Säulen verziert präsentiert sich die Kanzel (ganz rechts).

ST. PETER

Dem heiligen Georg geweiht, wird das Gotteshaus auch als Georgsdom bezeichnet. Die dreischiffige Basilika mit kreuzförmigem Grundriss gilt als Meisterwerk spätromanischer Baukunst (1235), auch wenn sie bereits frühgotische Züge aufweist. Zunächst Stiftskirche, wurde das Gotteshaus mit Gründung des neuen Bistums Limburg 1827 zur Bischofskirche und bekam den Rang einer Kathedrale. Anlässlich der Bistumsgründung erhielt der Dom eine kostbare byzantinische Kreuzesreliquie, die in der sogenannten Staurothek, einem Behältnis aus dem 10. Jahrhundert, aufbewahrt wird. In der Erasmuskapelle befindet sich das prächtige Taufbecken, das von Anbeginn an die Kirche zierte. Im Innenraum erinnern zahlreiche Grabmale an vergangene Chorherren und Stifter, die hier ihre letzte Ruhestätte fanden. Der Limburger Domschatz birgt auch den ottonischen Petrusstab.

Auf einem Felsen über der Lahn erhebt sich mit sieben Türmen und mehrfarbigem Putz weithin sichtbar der Limburger Dom (ganz links). Das hohe, viergeschossige Mittelschiff mit seinen spätromanischen Triforien und Arkaden hinterlässt beim Besucher einen überwältigenden Eindruck (unten). Die Zwickelbogen sind mit mittelalterlichen Fresken geschmückt, die Heilige, Apostel und Evangelisten darstellen (links).

Die in Eltville im Rheingau gelegene Klosteranlage wurde 1136 von Bernhard von Clairvaux als Zisterzienserabtei gegründet. Im 12. und 13. Jahrhundert kam es in Eberbach durch den mittlerweile zu Weltgeltung gelangten Weinbau zu einer ersten Blüte. Nach und nach wurde der ursprünglich romanische Komplex um Elemente im gotischen bzw. barocken Stil erweitert. Trotz Zerstörungen im Dreißigjährigen Krieg präsentiert sich Kloster Eberbach heute als in seiner Stilvielfalt einzigartige Anlage, die dem Besucher dank ihres guten Erhaltungszustands einen plastischen Eindruck einstigen klösterlichen Lebens vermittelt – mit Refektorien, Dormitorien, Kapitelsaal, Bibliothek, Schatzkammer, Kreuzgang und Basilika. 1803 aufgelöst, ging die Weinproduktion in staatliche Hand über. Nicht umsonst wurde das Kloster 1985 Kulisse für die Verfilmung von Umberto Ecos »Der Name der Rose«.

Kloster Eberbach mit seinem komplexen System von Gebäuden (ganz links) zeigt klösterliche Architektur in Vollkommenheit. Im Laienrefektorium (links), wie andere Gebäudeteile schon früh für die Weinproduktion umfunktioniert, zeugen historische Weinpressen von der Blütezeit des Klosters. Auch das Mönchsdormitorium (unten links) und die romanische Kirche (unten rechts) atmen noch den Geist klösterlichen Lebens.

Weniger ihr kunsthistorischer Wert als vielmehr ihre Stellung als wichtiges Monument der deutschen Reichsgeschichte verleihen der Kirche St. Bartholomäus ihre herausragende Bedeutung. Schließlich wurden hier im Frankfurter »Kaiserdom« seit Mitte des 14. Jahrhunderts die Könige gewählt und zwischen 1562 und 1792 die römisch-deutschen Kaiser gekrönt. Zu den Vorgängerbauten gehören eine merowingische Saalkapelle, eine karolingische Saalkirche, die spätkarolingische Salvatorbasilika und der spätromanische Bartholomäuschor. Ab 1260 begann man mit der Errichtung des gotischen Langhauses und der Seitenschiffe. Nach einem verheerenden Brand wurde die Kirche ab 1867 im neugotischen Stil wiederaufgebaut. Die Bombenschäden des Zweiten Weltkriegs machten erneut eine Restaurierung nötig, die dem Bauwerk sein heutiges Aussehen verlieh.

In ihrer wechselvollen Baugeschichte wurde die katholische Kirche St. Bartholomäus mehrmals um- und wiederaufgebaut. Mit ihrem dominierenden Westturm, der 1415 seine charakteristische Spitze erhielt, überragt die Hallenkirche unübersehbar das Ufer des Mains (links). Innen ist das Gotteshaus seit der Restaurierung 1992 bis 1994 in dunkles Rot getaucht, das zum weißen Kreuzrippengewölbe kontrastiert (unten).

Mit ihren vergoldeten Zwiebelturmspitzen und Dachfirsten zieht die der heiligen Maria Magdalena geweihte russische Kapelle auf der Mathildenhöhe die Aufmerksamkeit auf sich. Russische Emigranten gedenken hier der Ermordung der Zarenfamilie 1918. Links im Bild der nach Plänen von Joseph Olbrich entstandene Hochzeitsturm mit seiner markanten Fünffingerkrone, Teil des Jugendstilensembles Mathildenhöhe.

Der letzte russische Zar, Nikolaus II., und seine Gattin Alexandra, geborene Prinzessin von Hessen-Darmstadt, stifteten das erste Gebäude auf der Mathildenhöhe, die russisch-orthodoxe Kirche. Mit der Planung betrauten sie Leonitius Nikolaewitsch Benois von der Petersburger Akademie der Künste, 1897 wurde der Grundstein gelegt. Für den Untergrund wurde eigens Erde aus Russland angeliefert. Renommierte Künstler beteiligten sich an der Ausstattung des im Stil der frühen Jaroslawer Kirchen errichteten Prunkbaus. So schuf der bekannte russische Kirchenmaler Karl Timoleon Neff die Ikonen. Die Herstellung der Kacheln übernahm die Firma Villeroy & Boch. Der Kirche folgte unter Großherzog Ernst Ludwig die Gründung der Darmstädter Künstlerkolonie Mathildenhöhe mit einem Jugendstil-Ensemble aus acht Wohnhäusern und einem Atelierhaus, das heute ein Museum beherbergt.

Die Torhalle in dem kleinen Ort zwischen Darmstadt und Worms ist zusammen mit den Ruinen einer 70 Meter langen romanischen Basilika und weiteren Ruinen das einzige erhaltene Baudenkmal aus karolingischer Zeit. Unter der Herrschaft Pippins des Kurzen (751–768) von Gaugraf Cancor und seiner Mutter Williswinda gegründet, war das Kloster ab Ende des 9. Jahrhunderts die Begräbnisstätte der Könige des ostkarolingischen Reichs. 1090 durch Feuer zerstört und im 12. Jahrhundert wiederaufgebaut, entwickelte sich die Abtei bis zum 13. Jahrhundert zu einem der reichsten Klosterzentren des Spätmittelalters. Mit der Übernahme durch das Erzbistum Mainz verlor die Abtei ihre Privilegien, bis die Reformation 1557 das Ende einläutete. Unweit der Torhalle finden sich in Altenmünster Reste des Urklosters, das erstmals 764 erwähnt und kurz darauf nach Lorsch verlegt wurde.

Die Königshalle von Lorsch, der einzig vollständig erhaltene Bestandteil des gleichnamigen einstigen Klosters, wurde im Lauf eines Jahrtausends mehrfach umgebaut. Heute zeigt sie sich mit zahlreichen Arkaden, Pilastern und Halbsäulen sowie dem charakteristischen rot-weißen Fassadenschmuck. Im Obergeschoss sind noch Reste karolingischer Wandmalereien und gotische Fresken zu bewundern.

RHEINLAND-PFALZ UND SAARLAND

Beide Bundesländer sind reich an Zeugnissen kunsthistorisch bedeutender Sakralarchitektur. In Rheinland-Pfalz fällt besonders die Häufung von Kirchen aus der Zeit der Romanik ins Auge. Die in Erscheinungsbild wie Ausstattung beeindruckenden Kaiserdome von Mainz, Worms und Speyer waren prägend für den Stilwillen der Epoche, die Abtei Maria Laach gilt als deren baulicher Höhepunkt. Die Liebfrauenkirche in Trier ist eines der ersten gotischen Gotteshäuser des Landes. Unter den Sakralbauten des Saarlandes ragt die barocke Ludwigskirche in Saarbrücken heraus.

In den Wäldern über der Lahn thront Kloster Arnstein, ein ehemals als Burg der Grafen von Arnstein gegründetes Anwesen, das heute die Ordensgemeinschaft der »Heiligen Herzen Jesu und Marias« beherbergt. Alljährlich zieht die Herz-Jesu-Wallfahrt zahlreiche Pilger an diesen Ort.

STREITHAUSEN

Die Abtei Marienstatt liegt innerhalb der Ortsgemeinde Streithausen im Westerwaldkreis und ist Wallfahrtsort des Bistums Limburg. Die in mehr als 150-jähriger Bauzeit (1222–1425) errichtete Basilika umfasst ein dreischiffiges Langhaus mit einem Querhaus und einem runden Chor mit Chorumgang. Sie ist als eines der frühesten gotischen Bauwerke Deutschlands von architektonischer Bedeutung. Von außen ist die Kirche nach zisterziensischer Tradition schlicht gehalten, nur mit einem Dachreiter anstelle eines Turmes versehen. Wichtigstes Ausstattungsstück im Innern ist der fünf Meter hohe, mittelalterliche Flügelaltar aus dem 14. Jahrhundert mit zahlreichen figürlichen Plastiken. Das Chorgestühl stammt noch aus dem Jahr 1290. Eine kleine Kapelle birgt das Gnadenbild der schmerzensreichen Muttergottes. Bis heute wird die Abtei von Mönchen bewirtschaftet.

Frühgotische Arkaden führen den Blick in der Basilika zum Hochchor (links, großes Bild), dessen farblos-lichte Fenster den Raumeindruck von Einfachheit und Klarheit noch unterstreichen. Die Chorlösung (links) mit ihrem Strebewerk nach französischem Vorbild folgt der Tradition zisterziensischer Kirchbauten wie etwa in Pontigny oder Royaumont. Unten rechts: Buntglasfenster neben dem Hauptportal.

STREITHAUSEN

Das im Hochchor stehende Altarretabel gehört mit dem Oberweseler Goldaltar und dem Klarenaltar im Kölner Dom zu den bedeutendsten mittelalterlichen Flügelaltären des Rheinlands. Die zwölf Reliquienbüsten der heiligen Ursula verweisen auf die Kölner Werkstatt um 1350.

»Ora et labora«, so lautet die Grundregel des Benediktinerordens, der an einem Kratersee der Vulkaneifel bis heute einen großen Klosterkomplex bewirtschaftet. Aus der Vogelperspektive betrachtet, wirkt die Kirche des 1093 gegründeten Klosters in ihrem klaren Aufbau fast wie im Baukastenmodell aus geometrischen Klötzchen zusammengefügt: Sechs Türme überhöhen die dreischiffige Pfeilerbasilika mit ihren zwei Querhäusern und jeweils anschließendem Chor. Der Zugang erfolgt über das sogenannte »Paradies« (1225–1235), eine im Westen vorgelagerte Säulenvorhalle, die ein Atrium umschließt. Die Abteikirche, die die Idee der Gottesburg verkörpert, gilt als Paradebeispiel romanischer Baukunst nördlich der Alpen. Die typischen Merkmale dieser mittelalterlichen Kunstepoche, wie geschlossene Mauerflächen, Rundbogen und kleine Fenster, lassen sich hier bestens studieren.

»Ego sum via veritas et vita« (Ich bin der Weg, die Wahrheit und das Leben) – so steht es in der Bibel. Das Apsismotiv des Weltenherrschers im byzantinischen Goldgrundmosaik (unten) erinnert nicht zufällig an das Vorbild in der Kathedrale von Monreale auf Sizilien. Das Ziborium über dem Altar stammt aus spätromanischer Zeit. Links: Maria Laach – ein romanisches Gotteshaus mit Burgcharakter.

Der Bau, der Teil des UNESCO-Welterbes Oberes Mittelrheintal ist, prägt die Koblenzer Altstadt durch die markanten barocken Turmhelme der ansonsten mittelalterlichen Doppelturmfassade. Betritt man das Gotteshaus, dessen Vorgängerbau auf einen antiken Saalbau zurückging, so bemerkt man an der Formensprache – Rundbogen, geschlossene Wandflächen – dass die dreischiffige Basilika mit Emporengeschoss eine spätromanische Schöpfung ist (1180–1250), trotz des beeindruckenden Sternengewölbes des gotischen Hauptschiffs (1486–1489). Auch der Chor mit seinen zu Fensterfronten aufgebrochenen Apsiswänden ist gotisch, die heutigen Glasfenster wurden 1992 angefertigt und sind zentralen Frauengestalten gewidmet: Neben Eva und Maria sind dort auch Hildegard von Bingen, Klara von Assisi, Sophie Scholl und Mutter Theresa abgebildet.

An den sechsgeschossigen Quadertürmen der Doppelturmfassade mit ihren verspielt wirkenden Turmhelmen lassen sich die Bauphasen vom Mittelalter bis zur Barockzeit ablesen (unten). Der Innenraum der Emporenbasilika lebt farblich vom Zweiklang Weiß-Rot (großes Bild).

In einem idyllischen Tal an den Ausläufern des Westerwalds wurde 1202 die Kirche einer Abtei geweiht, in der Chorherren des von Norbert von Xanten 1120 im französischen Prémontré gegründeten Prämonstratenserordens fortan ihr sonst klösterliches Leben mit aktiver Gemeindearbeit verbanden. Die Schenkung einer kostbaren Armreliquie des heiligen Apostels Simon durch den Kölner Erzbischof machte Sayn ab 1206 zum Pilgerort. Der Volksglaube schrieb etliche Gesundungen der Heilkraft der dortigen Simonsquelle zu. Romanische Kirchen waren ursprünglich farbig gefasst, so auch die Abtei in Sayn, wie die Spuren der Außenbemalung zeigen. Außergewöhnlich dabei war der ornamentale Schmuck mit Mustern in Art eines Wandteppichs an der Nordwand. Ähnlich farbenfroh wurde auch der 1230 errichtete romanische Kreuzgang mit Brunnenhaus ausgestaltet.

Der Farbdreiklang im Innenraum basiert auf dem dunkelgrauen Boden, den rot gefassten Kreuzrippen sowie den weißen Gewölbekappen und Wandflächen (großes Bild). Geradezu bunt wirkt dagegen die Bemalung des romanischen Kreuzgangs samt Brunnenhaus (unten).

OBERNHOF

Im Nassauischen Land thront – bezeichnenderweise oberhalb des Jammertals – das von den Arnsteiner Patres bewohnte Kloster Arnstein. Die Geschichte des Klosters reicht bis in das 12. Jahrhundert zurück: Im Jahr 1139 wandelte der letzte Graf von Arnstein seine Burg aus dem 11. Jahrhundert in ein Prämonstratenserkloster um. Von dieser Burganlage ist nichts mehr verblieben, bis heute steht jedoch noch die äußerlich weitgehend unveränderte romanische Klosterkirche. Sie wurde 1208 geweiht und 1360 mit Gewölbe, Ostchor und dem erhaltenen Chorgestühl fertiggestellt. Noch aus dem 12. Jahrhundert stammen das Refektorium (1175) sowie der schöne Boden mit den Schmuckfliesen. Ein Triumphkreuz ist auf etwa 1500 zu datieren. Ein großer Teil der heutigen Ausstattung, so etwa der barocke Hochaltar und die Rokokokanzel, kam erst im 18. Jahrhundert hinzu.

Bezeichnenderweise hoch über dem Jammertal liegt die Klosterkirche von Arnstein (rechts). Außen künden die Rhomben- und Zeltdächer der insgesamt vier Türme vom romanischen Ursprung der Kirche, während innen barocke Elemente die romanische Strenge auflockern (unten links und Mitte).

MÜNSTERMAIFELD

STIFTSKIRCHE

Unweit von Koblenz beeindruckt die Kirche des ehemaligen Stifts St. Martin und St. Severus. Ihre Geschichte reicht bis in die Merowingerzeit zurück: Damals, Ende des 6. Jahrhunderts, wurde bereits an gleicher Stelle eine Martinskirche erbaut. Das mächtige Westwerk des »Maifeldmünsters«, ein wehrhafter Doppelturm, basiert auf der romanischen Kirche aus dem frühen 12. Jahrhundert, die Ecktürme und Zinnen sind spätgotisch. Aus dem frühen 13. Jahrhundert datieren die gotischen Bestandteile Chor, Querhaus, Langhaus und Turmzwischenbau. Glanzpunkte sind die Wandmalereien aus dem 13. bis 15. Jahrhundert und das Antwerpener Retabel von 1518, die kunstvollen Epitaphien der Adelsfamilie Eltz sowie das Heilige Grab mit fast lebensgroßen Tuffsteinfiguren (um 1500). Die Orgel stammt von Johann Michael Stumm aus der berühmten Orgelbauerfamilie (1722).

Das Antwerpener Retabel – so wird eine im 16. Jahrhundert in Antwerpener Werkstätten gefertigte Gattung von Flügelaltären mit reich geschnitztem Mittelteil und gemalten Seitenflügeln bezeichnet – zeigt Papst Gregor den Großen und Szenen der Heilsgeschichte.

PRÜM ABTEI

Besucht man heute das Städtchen Prüm mit seiner zwischen 1721 und 1730 erbauten barocken Kirche, so muss man sich vergegenwärtigen, dass ihre Vorgängerbauten Mittelpunkt eines enormen Herrschaftsgebiets waren. Dessen Besitztümer in Deutschland, Frankreich und den Niederlanden sind im »Prümer Urbar«, einem Güterverzeichnis der ehemaligen Benediktinerabtei von 893, urkundlich erwähnt. Ihre Bedeutung verdankte die 721 gegründete Mönchsabtei der Tatsache, dass sie durch Verwandtschaft stets eng mit dem karolingischen Herrscherhaus verbunden war und diesem als Hauskloster und Grablege diente. Eine außergewöhnliche Auszeichnung erhielt sie durch die Reliquie der Sandalen Christi, die seitdem dort aufbewahrt wird. Im 16. Jahrhundert büßte die Abtei ihre Selbstständigkeit ein und wurde später unter Napoleon säkularisiert.

Beim Eintritt in die Basilika fällt der Blick auf den mächtigen barocken Hochaltar, der den Chorraum ausfüllt. Über dem Altartisch (1628) erhebt sich der Tabernakel mit einem aufgesetzten Drehexpositorium. Die für Barockaltäre typische Uhr zeigt seit 1983 wieder die Zeit an.

Das damalige Augusta Treverorum war einer der wichtigsten Verwaltungssitze des römischen Imperiums nördlich der Alpen, und in diese Zeiten reicht die Baugeschichte des Doms, der zusammen mit der Liebfrauenkirche eine Doppelkirchenanlage darstellt, die Teil des Weltkulturerbes ist. Mit 1700 Jahren ist die Kathedrale St. Peter die älteste Bischofskirche Deutschlands. Nachdem Konstantin der Große den Christen 313 n. Chr. Religionsfreiheit gewährt hatte, entstand in der Folgezeit ein gewaltiger Baukomplex aus vier Basiliken, einem Baptisterium und Nebengebäuden – eine der größten Kirchenanlagen Europas zu damaliger Zeit. Zerstörung, Wiederaufbau und Umgestaltung wechselten sich ab, bis der Bau im 11. und 12. Jahrhundert seine heutige Gestalt erhielt. Wichtigste Reliquie ist der »Heilige Rock« – ein Stück der Tunika Jesu, zu der seit 1512 Wallfahrten belegt sind.

Der Dom – im großen Bild in traditioneller Blickrichtung auf den Ostchor mit dem Hochaltar und der Schwalbennestorgel von 1974 aufgenommen – bewahrt die kostbarste Reliquie Triers: den »Heiligen Rock« (unten rechts: Heilig-Rock-Kapelle). Die Außenansicht (links) zeigt die Westfassade des Doms mit der Chorapsis aus dem 11. Jahrhundert. Im Hintergrund ist die Liebfrauenkirche erkennbar.

TRIER

Die gotische Liebfrauenkirche in Trier, die gemeinsam mit dem angrenzenden Dom eine Doppelkirchenanlage bildet, ist in ihrer Art einzigartig, was auch rechtfertigt, dass das ganze Ensemble zum UNESCO-Weltkulturerbe gehört. Der Typus des Zentralbaus war zu jener Zeit normalerweise Baptisterien und Mausoleen vorbehalten, und tatsächlich diente der Bau auch als Grablege. Die gotische Kirche entstand zwischen 1235 und 1260, und zwar anstelle früherer Kirchenbauten. Es gibt Versuche, die Architektur der mehrgeschossigen Kirche, die im zentralen Vierungsturm gipfelt, symbolisch zu deuten: So erinnere beispielsweise der Grundriss – ein Kranz aus polygonalen Kapellen um quadratische und rechteckige Joche, die das Vierungsquadrat umgrenzen – in seiner Symmetrie an eine aufgeblätterte Rosenblüte und stehe damit für Maria als die »dornenlose Rose«.

Die Liebfrauenkirche (rechts mit Teilen der Westfront des Doms) ist als Zentralbau konzipiert. Im Bogenfeld des Westportals (ganz rechts) thront die »liebe Frau« Maria mit dem Jesuskind. Die mittelalterlichen Originalskulpturen sind durch Kopien oder moderne Interpretationen ersetzt.

TRIER

Über einen Freihof schreitet man auf die barocken Portale der Kirche zu, deren Funktionen als Grab-, Wallfahrts-, Kloster- und Pfarrkirche sich im Laufe der Zeit verwoben haben. Die Kirche der nach den Wehen der Säkularisation heute wieder aktiven Benediktinerabtei ist seit dem 12. Jahrhundert Pilgerstätte zum Grab des Apostels Matthias, dessen Reliquien allerdings bereits in frühchristlicher Zeit nach Trier gelangt sein sollen. Die Geschichte des im Jahr 1148 geweihten romanischen Baus (mit später entstandenen Stilelementen der Gotik, des Barock und des Klassizismus) reicht bis in die Spätantike zurück, denn wahrscheinlich wurden an diesem außerhalb der römischen Stadtmauern gelegenen Ort die Märtyrer und die Gründungsväter verehrt. Zu diesen gehörten auch die ersten Trierer Bischöfe Eucharius und Valerius, deren Steinsarkophage in der Krypta ruhen.

Die Abteikirche mit ihrer barocken Portalanlage und der klassizistischen Bekrönung (rechts) befindet sich dort, wo südlich der antiken Stadt einst ein Gräberfeld war – ähnlich wie im alten Rom. Ist dieser unterirdische Raum mehrschiffig, spricht man von einer Hallenkrypta (ganz rechts).

LIEBFRAUENKIRCHE

ABTEI ST. MATTHIAS

Der Mainzer Dom gehört zu den deutschen Kaiserdomen und wurde kurz nach 975 durch den Erzbischof und Kanzler Willigis (gest. 1011) begonnen. Die groß angelegte doppelchörige Basilika sollte die Bedeutung des Erzbistums Mainz repräsentieren und als »Staatsdom« im Heiligen Römischen Reich fungieren. Sie war das erste Gebäude dieser Größenordnung nördlich der Alpen. Im Jahr 1009 brannte die Kirche ab und konnte nach ihrem Wiederaufbau 1036 in veränderter Form eingeweiht werden. In den folgenden Jahren wurde der Dom mehrfach beschädigt und wiederaufgebaut, bis 1239 die Einweihung des Westwerks erfolgte. Durch die lange Bauzeit sind unterschiedliche Phasen ottonischer und staufischer Romanik ablesbar. Weitere Überformungen in der Zeit der Gotik und im Barock folgten. Prägend für ihr Erscheinungsbild ist der 1679 entstandene steinerne Turmhelm.

Das Zentrum von Mainz bildet der rötlich schimmernde Dom St. Martin, von dessen Westseite aus die barocke Haube gut zu erkennen ist. Zwei Treppentürmchen erheben sich links über dem Chor (ganz links, mit Innenansicht links). Seit Mitte des 13. Jahrhunderts diente der Dom als Grablege der Mainzer Erzbischöfe – die kunstvoll gestalteten Grabdenkmäler geben bis heute davon Zeugnis (großes Bild).

Der Dom St. Peter in Worms liegt auf einer Anhöhe in der Stadt und ist der kleinste Kaiserdom am Rhein. Im Bereich eines römischen Forums entstand im 7. Jahrhundert eine schlichte dreischiffige Basilika. Unter Bischof Buchard (gest. 1025) erfolgten der Abriss und die Errichtung einer größeren dreischiffigen Kirche mit zwei halbrunden Chören, die 1018 in Anwesenheit des Kaisers eingeweiht wurde. Aufgrund von Bauschäden musste die Kirche ab 1130 teilweise abgetragen werden. Es folgte der Wiederaufbau der dreischiffigen Basilika mit Querschiff, die 1181 fertiggestellt war. Durch die kurze Bauzeit ist die Kirche in ihrer Wirkung sehr einheitlich und trägt früh- und spätromanische Züge. Sie wurde im 17. Jahrhundert durch Kriege zerstört, um 1700 wiederaufgebaut und erhielt eine barocke Innenausstattung. Ab 1889 erfolgte die Renovierung, die 1935 abgeschlossen wurde.

Auf dem höchsten Punkt der Stadt erhebt sich der Dom St. Peter zu Worms (links). Er gilt als Schlüsselbau für die Entwicklung der Kirchenbaukunst am Oberrhein. Mittelpunkt und Glanzstück der Vierungskuppel ist der von Balthasar Neumann 1749 gestaltete Hochaltar aus vergoldetem Holz und verschiedenfarbigem Marmor (großes Bild). Die Fensterrosette aus farbigem Glas erhellt den Westchor (unten rechts).

SPEYER

Der unter Kaiser Konrad II. Anfang des 11. Jahrhunderts als Grablege der Salier errichtete Dom von Speyer war zur Zeit seiner Erbauung das größte Gotteshaus des christlichen Abendlandes. Als Begräbnisstätte salischer, staufischer und habsburgischer Herrscher kommt der romanischen Basilika eine hohe symbolische Bedeutung zu. Der heute sechstürmige Dom wurde 1061 im Todesjahr von Konrads Enkel Heinrich IV. geweiht. Dieser hatte das Gotteshaus erweitern lassen, um gegenüber dem Papst seinen politischen Machtanspruch zu demonstrieren. Während des Pfälzischen Erbfolgekriegs kam es 1689 zu schweren Zerstörungen. Im Jahr 1772 begann man mit dem Wiederaufbau der Kathedrale. Doch erst die Renovierungen nach dem Zweiten Weltkrieg gaben dem Dom seine strenge Würde zurück. Die Krypta zählt zu den schönsten unterirdischen Kirchen der Welt.

Der Kaiserdom von Speyer beeindruckt schon äußerlich durch seine strengen romanischen Formen (ganz links und großes Bild). Die bereits 1039 fertiggestellte Krypta präsentiert sich als Säulenhalle mit imposanten Kreuzgratgewölben aus gelb-rotem Sandstein (links). Der Innenraum rund um den Vierungsturm wurde ab 1846 von Johannes Schraudolph und Joseph Schwarzmann mit Fresken ausgemalt (unten rechts).

SAARBRÜCKEN

Der barocke Ludwigsplatz mit der Ludwigskirche in Saarbrücken gilt als das Meisterwerk des Barockbaumeisters Friedrich Joachim Stengel. Von 1762 bis 1775 wurde die Kirche als Teil der barocken Gesamtanlage erbaut und nach ihre Zerstörung im Zweiten Weltkrieg originalgetreu wiedererrichtet. Die Sandsteinfassade ist mit Reliefs verziert; in den vier Wandnischen befinden sich Symbolfiguren der Evangelisten. Das Innere des auf kreuzförmigem Grundriss errichteten Bauwerks ist strahlend weiß getüncht und zeichnet sich durch ornamentalen Stuck aus. In allen vier Kreuzarmen befinden sich Emporen, die jeweils von zwei bzw. vier weiblichen Figuren, sogenannten Karyatiden, getragen werden. Vier große Säulen umgeben die zentrale Vierung in der Kirchenmitte. Eine Besonderheit ist die gestufte Anordnung von Altar, Kanzel und Orgel im sogenannten Kanzelaltar.

Die evangelische Barockkirche dominiert den Saarbrückener Ludwigsplatz, ihre gelbliche Sandsteinfassade ist zum Wahrzeichen der Stadt geworden (links). Im lichtdurchfluteten weißen Innenraum fällt der Kanzelaltar zu Füßen des Nachbaus (1944) der historischen Orgel ins Auge – ein für den Architekten Stengel charakteristisches Arrangement aus Orgel, Kanzel und Altar (großes Bild).

BADEN-WÜRTTEMBERG

Mächtige Gotteshäuser wie der Dom zu St. Blasien oder das Ulmer Münster, traditionsreiche Klosteranlagen wie Maulbronn oder die vielen prachtvollen Kirchen entlang der Oberschwäbischen Barockstraße bezeugen die vielfältigen Ausprägungen des christlichen Glaubens im Südwesten Deutschlands über die Jahrhunderte hinweg. Die Breite des stilistischen Spektrums und der Ausdrucksformen hat ihre Ursache auch darin, dass das »Ländle« konfessionell aufgeteilt ist, einige Landesteile also vom »protestantischen Pfarrhaus« geprägt sind, andere wiederum mehrheitlich altgläubig sind.

Malerisch eingebettet im hohenlohischen Jagsttal liegt das ehemalige Zisterzienserkloster Schöntal mit seiner barocken Kirche. Bereits seit dem 12. Jahrhundert ein Ort der Einkehr, gilt Schöntal als eines der schönsten Barockensembles Baden-Württembergs.

MANNHEIM

Die Jesuitenkirche St. Ignatius und Franz Xaver in der Innenstadt von Mannheim wurde zwischen 1738 und 1760 nach einem Entwurf des italienischen Architekten Alessandro Gallo da Bibiena im Stil des Barock erbaut. Ihr markantes Äußeres verdankt die Kirche der zweitürmigen Schaufassade aus rotem Sandstein und der mächtigen Vierungskuppel. Das Innere wurde im Übergangsstil des Spätbarock zum Klassizismus prachtvoll ausgestattet. Nach starken Beschädigungen im Zweiten Weltkrieg wurden die Deckenfresken von Egid Quirin Asam in der Kuppel nicht wiederhergestellt. Der 20 Meter hohe Hauptaltar von Peter Anton von Verschaffelt ist inzwischen rekonstruiert. Sechs Seitenaltäre sowie das Weihwasserbecken desselben Künstlers sind original erhalten. Die bedeutendste Skulptur ist die Silbermadonna im Strahlenkranz von Joseph Ignaz Saler (1747).

Der helle Kirchenraum ist mit grüner und roter Stuckmarmorverkleidung geschmückt. Prägendes Ausstattungsstück ist der Hochaltar, in dessen Mittelpunkt die Heiligen Ignatius und Franz Xaver stehen (rechts). In den Zwickeln unter der Kuppel (unten) finden sich vier Erdteilfresken von Philipp Hieronymus Brinckmann.

MANNHEIM

CHRISTUSKIRCHE

Die evangelische Christuskirche im Mannheimer Stadtteil Oststadt wurde zwischen 1907 und 1911 nach Plänen von Christian Schrade erbaut und ist ein Beispiel für einen Jugendstilbau mit neubarocken Formen. Sie überstand fast unbeschadet die großen Kriegszerstörungen und ist weitgehend im Originalzustand erhalten. Ihre markante Außenwirkung erhält die aus gelbem Sandstein errichtete Kirche durch die zentrale, 65 Meter hohe Kuppel. Die Hauptfront ziert ein mächtiger Dreiecksgiebel mit einem Relief des tröstenden Christus. Der Innenraum zeichnet sich durch seine aufwendige Wandgestaltung aus. Die Kuppel ist mit ornamentalen Malereien verziert. Alle Reliefs an der Chorwand entstanden nach Modellen des Bildhauers Johannes Hoffart. Von ihm stammt auch die Kreuzigungsgruppe über Kanzel und Altar. Die Deckengemälde stammen von Adolf Schinnerer.

Über Kanzel und Altar fällt der Blick auf die Kreuzigungsgruppe. Darüber, im Triumphbogen, zeigt das Fresko von Adolf Schinnerer die Auferstehung Jesu. Der Künstler schuf auch die beiden Medaillons an der Chorseite, die den segnenden und den zürnenden Christus zeigen.

MANNHEIM

SCHLOSSKIRCHE

Die Schlosskirche befindet sich im Westflügel des Mannheimer Schlosses, von außen erkennbar durch das Portal mit dem künstlerisch gestalteten Giebel und dem hohen Rundbogenfenster. Eingeweiht wurde sie 1731 und diente bis 1877 als Hofkapelle des Kurfürsten Carl Philipp. 1874 wurde die Kirche der altkatholischen Gemeinde Mannheims übergeben, die sie bis heute als Gotteshaus nutzt. Nach starken Zerstörungen im Zweiten Weltkrieg erfolgte in den 1950er-Jahren der Wiederaufbau. Das berühmteste Ausstattungsdetail des einschiffigen Innenraums ist das barocke Deckengemälde: Hierbei handelt es sich um eine Kopie des 1728 geschaffenen Originalwerks von Cosmas Damian Asam. Der Hochaltar – als Säulenbaldachin gestaltet – entstand nach einem Entwurf des Bildhauers Paul Egell. Vom ihm stammt auch das Giebelrelief über dem Portal, das die heilige Dreifaltigkeit zeigt.

Die Wände des Kirchenraums sind mit Pilastern aus Stuckmarmor besetzt. Der Fensterseite gegenüber befinden sich die Logen der damaligen Hofgesellschaft (ganz links). Biblische Szenen, darunter die Heimsuchung Mariens, zeigt das Deckenfresko von Cosmas Damian Asam (links).

Die gotische Heiliggeistkirche wurde 1398 bis 1515 aus rotem Sandstein des Neckartals errichtet. Die monumentale dreischiffige Hallenkirche diente als Grablege der Kurfürsten von der Pfalz, erhalten ist davon jedoch nur die Grabplatte des deutschen Königs Ruprecht I. und dessen Frau. Die auffällige Haube des Westturms und das markante Dach stammen aus der Zeit des Barock. Die Kirche stand in enger Verbindung mit der Universität: Die Emporen der breiten Seitenschiffe beherbergten ab dem 15. Jahrhundert die Bibliotheca Palatina, die im Dreißigjährigen Krieg geplündert wurde. Die heute evangelische Kirche verdankt ihre karge Ausstattung den Bilderstürmen im 16. Jahrhundert. Von 1705 bis 1936 wurden im Langhaus protestantische, hinter einer Mauer im Chor katholische Gottesdienste gefeiert. Die heutigen Glasfenster, Altar und Taufstein entstanden nach 1945.

Der Turm der Heiliggeistkirche ist mit seiner barocken Haube ein Wahrzeichen der Heidelberger Altstadt (unten). Auf den Emporen waren die kostbaren Schätze der Bibliotheca Palatina untergebracht (ganz unten). Ein Triumphbogen trennt Schiff und Chor (rechts).

Am Standort der Heilbronner Kilianskirche befand sich um 1100 eine romanische Urkirche, 1280 ragte dort eine frühgotische dreischiffige Basilika mit zwei Türmen auf. Im 15. Jahrhundert wurde sie von Hans von Mingolsheim zur Hallenkirche mit dreischiffigem Chor umgebaut. 1508 bis 1529 schuf Hans Schweiner mit dem Westturm das erste bedeutende Renaissancebauwerk nördlich der Alpen. Reich verziert, wird er von einem Bannerträger der Reichsstadt, dem »Kiliansmännle«, bekrönt. Der Hauptaltar von 1498 im spätgotischen Chor ist ein Werk des Meisterschnitzers Hans Seyfer. Über ihm »schwebt« das Netzgewölbe von Jörg Aberlin aus dem 15. Jahrhundert. Neben kostbaren Fenstertafeln aus der Spätgotik sind unter anderem die modernen Glasfenster des Münchner Malers Charles Crodel sowie Taufstein und Taufaltar von Gottfried Gruner von 1965 zu bewundern.

Über den Hauptaltar des ungewöhnlich hohen Chors spannt sich das Netzgewölbe des Württemberger Baumeisters Jörg Aberlin. Es wurde nach dem Zweiten Weltkrieg rekonstruiert (links). Unten: geschnitzte Büste des Augustinus an der Predella des Hauptaltars.

CREGLINGEN

Die Herrgottskirche, im Herrgottstal nahe Creglingen gelegen, wurde durch den von Tilman Riemenschneider zwischen 1505 und 1520 geschaffenen Marienaltar berühmt. Er befindet sich in der Mitte der Kirche, dort, wo der Legende nach ein Bauer im Jahr 1384 eine Hostie gefunden haben soll. Die Kirche selbst wurde im späten 14. Jahrhundert im Stil der fränkischen Gotik errichtet und diente als Wallfahrtskirche, bis sie 1530 protestantisch wurde. Zu Zeiten der Reformation war die Kirche geschlossen, und der Marienaltar blieb lange Zeit hinter einer Holzwand verborgen. Diesem Umstand ist die gute Konservierung dieses Schnitzaltars, der verschiedene Szenen dem Leben Mariens darstellt, zu verdanken. Daneben befinden sich mit dem Hochaltar und zwei Seitenaltären weitere Kunstwerke in der Kirche, die nur noch zu besonderen Anlässen als Gotteshaus genutzt wird.

Die 1389 geweihte Herrgottskirche (links) birgt den Marienaltar von Tilman Riemenschneider. Der hölzerne Aufsatz hat die Form einer Monstranz, ist über neun Meter hoch und fast vier Meter breit (unten links). Im Mittelrelief des detailreich gearbeiteten Schnitzaltars befindet sich Maria, die die Hände faltet und von Engeln in den Himmel erhoben wird. Umgeben ist sie von den zwölf Aposteln (großes Bild).

MAULBRONN

Zwölf Mönche aus dem Elsass begannen einst in der Abgeschiedenheit des Salzachtals bei Karlsruhe mit dem Bau eines Klosters nach dem Vorbild von Zisterzienserabteien in Burgund. Fast 400 Jahre lang lebten und wirkten dort Mitglieder des Ordens und schufen eine der schönsten und am besten erhaltenen Klosteranlagen Deutschlands, wo sich ohne jeglichen Prunk romanische und gotische Baustile vereinen. So wurde die 1178 geweihte dreischiffige Pfeilerbasilika im 15. Jahrhundert durch spätgotische Einwölbungen erweitert. Der angrenzende Kreuzgang weist eine Brunnenkapelle aus dem 14. Jahrhundert mit einem Gewölbefresko auf. Auch die Klostervorhalle »Paradies« von 1220 steht am Übergang von der Romanik zur Gotik, und das Herrenrefektorium beeindruckt durch das ausgewogene, rhythmische Zusammenspiel von Pfeilern, Gewölben und Rundbogen.

Die Abtei Maulbronn ist die am vollständigsten erhaltene mittelalterliche Klosteranlage nördlich der Alpen und gehört seit 1993 zum Weltkulturerbe. Romanische und gotische Stilelemente sowie Fachwerkbauten bestimmen das Erscheinungsbild (ganz links). An den längsten Tagen des Jahres wird die Dornenkrone am Kruzifix von der Sonne angestrahlt (links). Eine Brunnenkapelle schmückt den Kreuzgang (großes Bild).

MARBACH

SCHWÄBISCH GMÜND

ALEXANDERKIRCHE

Mit der Marbacher Alexanderkirche betritt man einen der schönsten spätgotischen Kirchenräume Südwestdeutschlands. Verantwortlich für dessen Schöpfung ist vor allem der Baumeister Jörg Aberlin, dessen Neubau ab 1450 einen romanischen Vorgänger ersetzte. Ihm werden Chor und Langhaus zugeschrieben. Ab 1463 vollendeten andere Meister seine Arbeit. Die Baugeschichte dokumentiert eine Inschrift im Turm über dem Westportal. Außergewöhnlich sind die Netzgewölbe mit farbigen Konsolskulpturen. Aus der Bauzeit sind noch mehrere Ausstattungsgegenstände erhalten, etwa das Chorgestühl, der achtseitige Taufstein und Teile der Westempore. Der Fuß der steinernen Kanzel mit Wurzelwerk und Krone stellt den Baum der Erkenntnis dar (Adam und Eva kamen in den 1980er-Jahren hinzu), die Kanzelbrüstung zeigt Reliefs des Kirchenpatrons Alexander und von Kirchenvätern.

Atemberaubend schön ist das filigrane bunte Netzgewölbe, das sich über den gesamten Kirchenraum erstreckt (ganz links). Durch schmale hohe Fenster und Maßwerk zeichnet sich der lichtdurchflutete Chor aus, wie der Altar aus spätgotischer Zeit stammend (links).

HEILIG-KREUZ-MÜNSTER

Das Stadtbild der alten Reichsstadt Schwäbisch Gmünd ist von einer der ersten Hallenkirchen Süddeutschlands geprägt, dem gotischen Heilig-Kreuz-Münster. Im Volksmund wird es »Gmünder Münster« genannt. Es beeindruckt durch seine Größe und Weite. Aus der Spätgotik stammt das meisterhaft ausgeführte Netz- und Sterngewölbe. Die prächtig ausgestatteten Chorportale zeigen an der Südseite das Jüngste Gericht und an der Nordseite die Passion Christi. Die Darstellungen sind überaus figurenreich und filigran herausgearbeitet und gehen auf die aus Schwäbisch Gmünd stammende Baumeisterfamilie Parler zurück. Heinrich Parler wurde um 1330 von der Stadt mit der Bauleitung für das Gotteshaus beauftragt. Im Jahr 1497 stürzen aufgrund der Einwölbung die romanischen Türme ein, seither befinden sich die Glocken im Glockenturm neben dem Münster.

Im Innern des Gotteshauses sorgen der Hauptaltar und die lichten Glasfenster für eine ganz besondere Stimmung und Raumwirkung. Dies wird durch die hellen, hohen Säulen im Chorraum noch verstärkt (links). Ganz links: Blick auf Seitenaltäre im Chorumgang.

GENGENBACH

Der Barockturm der ehemaligen Klosterkirche und heutigen Stadtkirche St. Marien prägt das schmucke Schwarzwaldstädtchen Gengenbach. Weit über 1000 Jahre lebten hier Benediktinermönche. Der Grundriss aus dem beginnenden 12. Jahrhundert war entsprechend der romanischen Baukunst streng quadratisch ausgerichtet. Nach der Stadtzerstörung 1689 wurde die Kirche vom Baumeister Franz Beer in barockem Stil wiedererrichtet. Etwa 200 Jahre später wurden anlässlich einer Renovierung alle barocken Elemente entfernt, stattdessen entstanden die farbenprächtigen Wandmalereien, die das Erscheinungsbild des Kircheninnenraums bis heute bestimmen. Den Hochaltar und die Kanzel schufen die Bildhauerbrüder Jakob Busch und Georg Busch jun. im Jahr 1900. Die Kanzel wurde damals auf der Weltausstellung in Paris gezeigt und mit einer Goldmedaille ausgezeichnet.

Die einstige Klosterkirche St. Marien (unten), ursprünglich ein romanischer Bau, wurde später im barocken Stil umgestaltet, um zwischen 1896 und 1906 wieder »entbarockisiert« zu werden. Farbenprächtige Malereien nach historischen Vorbildern sowie das kostbare Altarretabel sind die Höhepunkte der Innenausstattung (rechts).

BREISACH

Zwischen Schwarzwald und Vogesen erhebt sich das Stephansmünster von Breisach. Sein charakteristisches Erscheinungsbild, das sich von Osten und Süden her bietet, wird wesentlich durch den hochgotischen Münsterchor und die beiden Chorflankentürme geprägt. Dem Betrachter fallen die beiden ungleichen Türme meist als Erstes auf. Einer ist im romanischen, der andere im gotischen Stil errichtet, auch das gesamte Münster weist Bauelemente dieser beiden Stile auf. Im ausgehenden 12. Jahrhundert erbaut, im späten 15. Jahrhundert fertiggestellt und 1793 schwer beschädigt, anschließend jedoch wiederaufgebaut, blickt die Kirche auf eine lange Geschichte zurück. Im Innern erwartet den Besucher eine Wandmalerei von Martin Schongauer, dem Maler und Kupferstecher aus Colmar. An dem »Weltgericht« arbeitete der Künstler von 1488 bis zu seinem Tod im Jahr 1491.

Hoch über der Rheinebene thront das Stephansmünster (unten). Im Chor befindet sich ein schöner Schnitzaltar, geschaffen zwischen 1523 und 1526 von Hans Loy. Der Mittelschrein zeigt eine detailreiche Darstellung der Krönung Marias. Gottvater und Christus halten eine mit Blüten und Engeln verzierte Krone über Maria (rechts).

ST. MARIEN

STEPHANSMÜNSTER

Dank der reichen Silbervorkommen im Schwarzwald und der Sandsteinvorräte in Freiburg und seiner Umgebung waren die Voraussetzungen für den Bau eines so großen Gotteshauses in der badischen Metropole gegeben. Die lange und komplizierte Baugeschichte dauerte vom 13. bis zum 16. Jahrhundert. Vor allem der Westturm des Münsters ist ein baulicher Höhepunkt der Gotik. 116 Meter ragt er in die Höhe und ist mit seinen durchbrochenen Obergeschossen und der feingliedrigen Maßwerkspitze weithin sichtbar. Der Kulturhistoriker Jacob Burckhardt bezeichnete ihn einst als »schönsten Turm der Christenheit«. Im Innern sind neben dem Hochaltar von Hans Baldung Grien noch einige Fenster aus der Entstehungszeit des Münsters zu bewundern. Die ältesten und bedeutendsten Glasmalereien finden sich am »Wurzel-Jesse-Fenster« im südlichen Querhaus.

Wände und Gewände der Portalhalle (großes Bild) sind mit biblischen und allegorischen Figuren und Reliefs reich ausgestattet. Aus der Dürerzeit stammt der von Hans Baldung Grien geschaffene Hochaltar, ein Klappaltar mit elf Darstellungen der Lebensstationen Marias (links). Ganz links: Blick ins Hauptschiff. Unten rechts: Detail eines der farbigen Glasfenster. Unten links: Alles überragt der filigrane Turm.

ST. BLASIEN

Eine Art Kulturschock ereilt Besucher des Albtals im Schwarzwald beim Anblick des Doms St. Blasien: Ein mächtiger Kuppelbau in frühklassizistischem Stil sprengt den Rahmen der lieblichen Umgebung und weckt Assoziationen an das Pantheon in Rom. Der französische Baumeister Pierre Michel d'Ixnard hatte den 1783 geweihten Zentralbau mit der drittgrößten Kuppel Europas – Durchmesser 36 Meter – entworfen. Der Boden ist mit Carrara-Marmor ausgelegt, das Dach mit Kupfer gedeckt. Schon vor 1200 Jahren befand sich hier eine Benediktinerabtei, die allerdings mehrfach abbrannte, zuletzt 1768. An dem daraufhin erbauten Ensemble sollten sich die Benediktiner nicht lange freuen: 1806 wurde das Kloster säkularisiert. Der Rotundenbau mit sechs Seitenaltären diente zwischenzeitlich auch als Fabrik. Seit 1946 unterhält der Jesuitenorden hier ein Gymnasium.

Die beeindruckende Kuppel von St. Blasius wird von 20 Säulen getragen, hat einen Durchmesser von 36 Metern und erreicht im Innern eine Höhe von 35 Metern (großes Bild). Zum riesigen Klosterkomplex gehören auch der große Abteihof und der Konventhof mit Klostermeisterhaus, alter Mühle, Bleiche und Doktorenhaus (ganz links). Das Deckengemälde im Innern der Kuppel (links) zeigt Marias Aufnahme in den Himmel.

ZWIEFALTEN

An der Oberschwäbischen Barockstraße liegt der alte Kloster- und Wallfahrtsort Zwiefalten mit seinem spätbarocken Münster »Unserer lieben Frau«, heute als »Marienmünster« bekannt. Im Jahr 1089 gründete man hier ein Kloster; erst nach langer, bewegter Geschichte wurde es im Zuge der Säkularisation 1803 aufgelöst. Anziehungspunkt bis heute ist das von Johann Michael Fischer zwischen 1739 und 1765 erbaute Münster. Im 91 Meter hohen Turm rufen elf große Glocken zum Gebet. Im Innern ist das Gotteshaus mit einzigartigen Stuckarbeiten von Johann Michael Feichtmayr ausgestattet, die Deckenfresken im Langhaus und in der Flachkuppel stammen von Franz Josef Spiegler. Ein weiterer Höhepunkt ist das sehenswerte Chorgestühl. Die hervorragende Akustik kann bei den alljährlich stattfindenden Kirchen- und Orgelkonzerten genossen werden.

Am Kreuzaltar des Münsters (unten links die geschwungene Barockfassade) befindet sich das Gnaden- und Wallfahrtsbild der Muttergottes (großes Bild). Es stammt aus der Zeit um 1430 und wurde im Barock umgestaltet. Unten Mitte: Blick durch das Hauptschiff mit den Deckenfresken von Franz Josef Spiegler.

OBERMARCHTAL

»Ein Ort inmitten der schönsten Landschaft.« So schwärmte Eduard Mörike beim Anblick von Kloster Obermarchtal bei Riedlingen an der Donau. Architektonisch in sich geschlossen, ist die barocke Anlage heute noch komplett erhalten. Die ehemalige Stiftskirche, 2001 zum Münster erhoben, wurde zwischen 1686 und 1701 erbaut. Im Innern beeindruckt die frühbarocke Ausstattung mit den strahlend weißen Stuckaturen des Wessobrunner Meisters Johann Schmuzer. Das imposante doppelreihige Chorgestühl von 1690 stammt von Paul Speisegger, ebenso das Schiffsgestühl und der Hochaltar. Herausragende Beispiele der Schnitzkunst finden sich außerdem im Kapitelsaal, dem klösterlichen Beratungssaal der Chorherren, wo das Gestühl von Andreas Etschmann, Hans Heinrich Schlegel und Georg Anton Mache in detailgenauer figürlicher Darstellung ausgeführt wurde.

Hier lässt sich gut speisen: das von Caspar Bagnato 1749 in schönstem Rokoko ausgestattete Refektorium, auch Spiegelsaal genannt (ganz rechts). In reizvollem Kontrast zum ansonsten monochrom weißen Innenraum der Klosterkirche (unten: Außenansicht) stehen die braun-gold getönten Altäre (rechts).

MÜNSTER UNSERER LIEBEN FRAU

KLOSTER

Das Ulmer Münster ist die größte protestantische Pfarrkirche und hat mit 161 Metern den höchsten Kirchturm der Welt. Eine vor den Stadtmauern gelegene Kirche wurde 1377 zugunsten eines Neubaus innerhalb der Stadtmauern abgebrochen. Es entstand eine ungewöhnlich große, fünfschiffige Basilika, in der 29 000 Menschen Platz fanden. In den folgenden 200 Jahren wurde diese Kirche unter der Leitung verschiedener Baumeister im Stil der Prager und Straßburger Hochgotik erweitert. Im Zuge der Reformation traten die Ulmer Bürger zum evangelischen Glauben über. 1543 führten innenpolitische Konflikte und Geldmangel zum Baustopp. Erst 1844 wurde die Münsterbauhütte neu gegründet und die Vollendung der Kirche bis zum Jahr 1890 vorangetrieben. Sie ist Ausdruck eines reichsstädtischen Selbstbewusstseins und kann als »Bürgerkathedrale« bezeichnet werden.

Sechs der Buntglasfenster des Chors stammen noch aus dem Mittelalter. Das älteste wurde 1390 von der Zunft der Weber gestiftet. In der Mitte befindet sich der »Hutzaltar« von 1521 (großes Bild). Links: Fluchtpunkte des Hauptschiffs sind der Kreuzaltar mit fünf Meter hohem Kruzifix und die Hauptorgel mit 900 Pfeifen. Unten links: der höchste Kirchturm der Welt, im Vordergrund ein Fassadenteil des Stadthauses von Richard Meier.

WIBLINGEN

Die 1093 gegründete Benediktinerabtei in der Nähe von Ulm wurde zu Beginn des 18. Jahrhunderts in barockem Stil grundlegend umgestaltet bzw. neu errichtet. Bautypologisch ist das Kloster dem Escorial bei Madrid nachempfunden, ähnlich wie dort bildet eine Kirche – hier St. Martin – das Herzstück. Mit der weiß-goldenen Farbgebung und dem antiken Ornamentenrepertoire im Innenraum klingt bei dem um 1780 errichteten Gotteshaus bereits der Frühklassizismus an. Schier den Atem verschlägt es dem Betrachter jedoch im Bibliothekssaal des Klosters, einem der prunkvollsten Rokoko-Repräsentationsräume Süddeutschlands. Glanzpunkte sind hier das grandios ausgeführte Deckenfresko, auf dem antike und christliche Motive gegenübergestellt sind, sowie zu Füßen der umlaufenden Empore die in ebenfalls antithetischer Konzeption angelegten figürlichen Allegorien.

Im schönstem Rokoko schwelgt der Bibliothekssaal des Konvents. Zwischen Doppelsäulen mit reich verzierten Kapitellen stehen sich von Dominikus H. Herberger geschnitzte Allegorien der Wissenschaften und Künste sowie des Glaubens gegenüber (rechts). Unten: Illusionistisches Deckenfresko von Franz Martin Kuen.

BAD SCHUSSENRIED

Das Prämonstratenserkloster Schussenried in der gleichnamigen oberschwäbischen Kurstadt wurde 1183 von Konrad und Berengar von Schussenried gegründet. Nach Zerstörungen im Dreißigjährigen Krieg wurde die dreischiffige Basilika im 17. Jahrhundert im barocken Stil wiederaufgebaut. Das nördliche Klostergebäude entstand ab 1750 nach Entwürfen des Rokokobaumeisters Dominikus Zimmermann, dessen Planungsmodell die Zeit überdauert hat. 1802 wurde das Kloster säkularisiert, 1835 an das königliche Haus Württemberg verkauft. Heute dient die Anlage als Akademie- und Dienstleistungszentrum; im Klostermuseum erhalten Besucher einen Einblick in 800 Jahre Klostergeschichte. Zu den Hauptsehenswürdigkeiten gehören das barocke Chorgestühl in der Pfarrkirche Sankt Magnus und der im Rokokostil prachtvoll dekorierte Bibliothekssaal im Konventsgebäude.

Der Bibliothekssaal (großes Bild) besticht mit Stuckarbeiten, Skulpturen (ganz rechts) und Rokokomalereien. Er geht auf Entwürfe von Dominikus Zimmermann zurück. Die zur Klosteranlage (unten links) gehörende Pfarrkirche St. Magnus (unten Mitte) zeigt im Kern noch das Bild der mittelalterlichen Pfeilerbasilika.

KLOSTER

Rokoko in Vollendung zeigt der verschwenderisch ausgestattete Bibliothekssaal von Kloster Wiblingen, in dem Architektur, Plastik und Malerei ein Gesamtkunstwerk bilden. Die um 1750 entstandenen allegorischen Figuren von Dominikus H. Herberger wurden aus Holz gearbeitet und dann weiß lackiert.

Von außen nicht besonders spektakulär, entfaltet die Stadtpfarrkirche von Biberach im Innenraum ein wahres Fest für die Augen. Hier hat die »Frohe Botschaft« im Wortsinn Gestalt angenommen. Über weißen Rundbogenarkaden sind die Wandflächen mit figürlichen Gemälden geschmückt und ornamental verziert. Der Blick wird nach oben in die Gewölbe gelenkt, wo Johannes Zick 1746 die barocken Fresken mit Szenen aus dem Leben Jesu malte. Das Bildprogramm wurde im Hauptschiff darauf abgestimmt, dass sich Katholiken wie Protestanten damit inhaltlich identifizieren konnten, denn das Gebäude wird seit 1548 als sogenannte Simultankirche von beiden Konfessionen genutzt, ein Kompromiss, der nach dem reformatorischen Bildersturm 1531 und dem Verbot der römisch-katholischen Messe in dem Ort mit überwiegend protestantischer Bevölkerung geschlossen wurde.

Mitte des 18. Jahrhunderts malte Johannes Zick das monumentale Fresko, das die gesamte Langhausdecke einnimmt, in illusionistischer Manier, als setzte sich der Raum nach oben fort; die Figuren sind aus der Untersicht in perspektivischer Verkürzung gemalt (großes Bild). Der Chor mit dem barocken Hochaltar (ganz links) ist ebenfalls mit einem Deckenfresko geschmückt, davor lenkt ein Kruzifix die Blicke auf sich (links).

Die kleine Pfarrkirche von Gutenzell im oberschwäbischen Landkreis Biberach ist ein echtes Kleinod spätbarocker Kirchengestaltung. Fresken des Kirchenmalers Johann Georg Dieffenbrunner schmücken die Decken und Wände des weiß getünchten Innenraums. Die bemalte Kanzel wurde von Stephan Luidl ausgeführt, ebenso – wohl nach einem Entwurf von Dominikus Zimmermann – der Hochaltar.

Betritt man die von außen eher schlicht wirkende kleine Pfarrkirche von Gutenzell, so wird man im Innern überwältigt von einem harmonisch-lichten Barockraum, dessen reiche Innenausstattung überwiegend aus dem 18. Jahrhundert stammt. Namhafte Meister der deutschen Barockarchitektur, wie die Wessobrunner Stuckateure Franz Xaver Feichtmayr der Ältere und Dominikus Zimmermann, leiteten den Umbau und verliehen der ehemaligen Klosterkirche ihre spätbarocke Ausstattung. Einige Grundsteine der den Pestheiligen Kosmas und Damian geweihten Kirche weisen bis in das 12. Jahrhundert zurück, als das Gotteshaus als Teil der ersten Klostergründung »Cella Dei« im romanischen Stil erbaut wurde. Unter dem Zisterzienserorden wurde das Kloster später in »Bona Cella« (»gute Zelle«) umbenannt und gilt damit als Namensgeber der heutigen Ortschaft Gutenzell.

Nordöstlich von Bad Schussenried, an der Oberschwäbischen Barockstraße und auf dem Jakobsweg von Biberach nach Bad Waldsee, liegt im Stadtteil Steinhausen die Wallfahrtskirche St. Petrus und Paulus. Schon zur Zeit ihrer Erbauung zwischen 1727 und 1733 wurde die Kirche mehrfach als »eine der herrlichsten im Schwabenland« gepriesen. Auch heute noch gilt sie als eine der schönsten Dorfkirchen der Welt und als Meisterwerk des süddeutschen Rokoko. Nach Plänen von Dominikus Zimmermann errichtet, schuf sein Bruder Johann Baptist Zimmermann die herrlichen Deckenfresken. Vom Schussenrieder Abt Didacus Ströbele in Auftrag gegeben, ist sie die erste Kirche mit ovalem Grundriss und Freipfeileranlage; sie lediglich als Vorläufer der Wieskirche zu bezeichnen würde ihr und der Bauleistung Dominikus Zimmermanns nicht gerecht.

Die Dorfkirche fasziniert durch ihre aufwendige Rokokoausstattung mit den Deckenfresken von Johann Baptist Zimmermann, die allesamt Szenen aus dem Leben Mariens darstellen. Im Hauptfresko sieht man die Himmelfahrt Mariens und zahlreiche Heilige. Am Rand des Freskos erscheinen allegorisch die Vertreter der zur Bauzeit bekannten Erdteile Europa, Asien, Afrika und Amerika.

WEINGARTEN

Imposant thront als Zentrum einer barocken Klosteranlage die Basilika St. Martin mit kuppelgewölbtem Vierungsturm und einer Doppelturmfassade über Weingarten an der Oberschwäbischen Barockstraße. Die 1715 bis 1724 errichtete Kirche zeugt von der wirtschaftlichen, politischen und religiösen Stärke der ehemaligen Benediktinerabtei. Den Grundstein hierzu legten 1056 die Welfen, die ihr Hauskloster seither auch als Grablege nutzten. Dieser größte Barockbau Deutschlands, den Kirchenmaler Cosmas Damian Asam mit Fresken in wahrem Farbenrausch und Joseph Anton Feichtmayr mit kunstvollen Stuckarbeiten und dem Chorgestühl ausstatteten, beherbergt neben einer prächtigen Barockorgel seit über 900 Jahren auch die Heilig-Blut-Reliquie, die alljährlich Anlass zum sogenannten Blutritt ist – der mit über 2500 Teilnehmern größten Reiterprozession Europas.

Cosmas Damian Asam (1686–1739) war ein Meister spätbarocker Deckenmalerei. Er gestaltete auch die Fresken an den Hängekuppeln (unten rechts), die den zwischen 1725 und 1724 vollendeten Bau abrundeten. Die monumentale Fassade wird als plastischer Baukörper aufgefasst (links); sie geht auf den italienischen Baumeister Donato Frisoni (1683–1733) zurück, genauso wie der Entwurf zum Hochaltar (großes Bild).

BIRNAU

Die Wallfahrtskirche Birnau steht etwas erhöht auf einem Hügel am Nordufer des Bodensees. Das Ensemble aus Architektur und Skulptur, barocken Formen und Farben wurde in den Jahren 1746 bis 1750 unter der Leitung des Vorarlberger Baumeisters Peter Thumb erbaut und reich ausgestattet. Der Vorgängerbau, eine Wallfahrtskirche mit dem Gnadenbild der wundertätigen Madonna, war vermutlich bereits um 1222 ein frequentiertes Pilgerziel. Das saalartige Kircheninnere gilt als einer der bedeutendsten Barockräume Deutschlands und beeindruckt durch Gewölbemalereien von Gottfried Bernhard Göz sowie Stuckdekorationen und Altäre von Joseph Anton Feichtmayr. Die Kirche wurde nach der Säkularisation aufgegeben und diente zeitweise als Ziegenstall, bis sie 1919 von Zisterziensern vom Kloster Mehrerau in Bregenz wieder übernommen wurde.

Die malerisch am Ufer des Bodensees gelegene Wallfahrtskirche Birnau (links) beeindruckt den Besucher mit ihrem prachtvollen barocken Innenraum. Trompe-l'œil-Malereien und Rocaille-Stuckaturen verwandeln Wände und Decken in plastisch wirkende Szenerien. Von den insgesamt sieben Altären der Kirche fällt der Hochaltar (großes Bild) durch seinen Baldachin ins Auge – ein Werk von Johann Anton Feichtmayr.

INSEL REICHENAU

Mit ihren drei gut erhaltenen Klosteranlagen ist die Insel Reichenau im Bodensee ein einzigartiges Zentrum monastischer Kultur des frühen Mittelalters. Das Mittelzeller Marienmünster wurde um das Jahr 816 unter Abt Heito geweiht und bis ins 11. Jahrhundert umgebaut. Die Pfeilerbasilika mit doppelten Querhäusern besitzt einen imposanten Westbau aus dem 11. Jahrhundert. Die spätkarolingische Abteikirche St. Georg in Oberzell ist eine schlichte Säulenbasilika mit kostbaren ottonischen Wandmalereien. Der Freskenzyklus basiert auf antiken und karolingischen Vorlagen und ist ein einzigartiges Dokument frühmittelalterlicher Kunst in Europa. Die 1080 bis 1134 errichtete Abteikirche St. Peter und Paul in Niederzell ist eine dreischiffige Säulenbasilika, deren Apsis mit Fresken aus dem 12. Jahrhundert bemalt ist. Die Klosterkirchen von Reichenau gehören zum UNESCO-Welterbe.

Farbige Fresken, die auf die Zeit um 1000 datiert werden, schmücken das Langhaus von St. Georg in Oberzell (unten). Sie illustrieren die Wundertaten Christi. Auch die Chorapsis von St. Peter und Paul in Niederzell ist reich mit Fresken aus dem späten 11. Jahrhundert bemalt (ganz unten, links ein Detail). Mit schönen farbigen Glasfenstern zeigt sich der gotische Chor des Mittelzeller Marienmünsters (großes Bild, ganz links).

BAYERN

Prunkvolle Klöster wie Weltenburg oder Metten, erhabene Dome wie in Regensburg oder Bamberg, populäre Wallfahrtsorte wie Vierzehnheiligen oder die Gnadenkapelle in Altötting, aber auch Preziosen auf dem Land wie die Dreifaltigkeitskirche Kappl bei Waldsassen oder die Wieskirche im Pfaffenwinkel sind die vielfältigen Zeugnisse des Glaubens im – vorwiegend katholischen – Freistaat. Barock und Rokoko sind hier die vorherrschenden Baustile und haben grandiose Gesamtkunstwerke hervorgebracht, deren opulente Formen und Farben den Betrachter in schwelgerische Stimmung versetzen.

Auf dem Banzberg unweit von Bad Staffelstein thront das Benediktinerkloster Banz. Ursprünglich stand hier die Burg Banz, eine Bastion gegen die Ungarn. 1979 erwarb die Hanns-Seidel-Stiftung die ehemalige Abtei und eröffnete hier 1983 ein Zentrum für Erwachsenenbildung.

BAD STAFFELSTEIN

Die Wallfahrtskirche Mariä Himmelfahrt ist den vierzehn Nothelfern geweiht und liegt auf einer Anhöhe gegenüber dem Kloster Banz. Unter Abt Mösinger (1697–1751) begannen die Planungen für einen Neubau, bei dem verschiedene Architekten in Konkurrenz zueinander standen. Balthasar Neumann erhielt schließlich den Auftrag für die Realisierung einer Säulenbasilika mit Doppelturmfassade. Unter der Bauleitung eines Konkurrenten wurde die Kirche nach Osten versetzt, sodass die Gnadenstätte nicht wie geplant in der Vierung, sondern im Langhaus umfasst werden musste. Neumann, über diese Veränderung entsetzt, entwickelte einen Plan für einen vollständig kurvierten Kirchenraum. So entstand aus einer Notlösung heraus eine baukünstlerische und bautechnische Meisterleistung, die den Höhe- und Endpunkt der fränkisch-böhmischen Barockarchitektur darstellt.

Der Standort der Kirche mit den charakteristischen Doppeltürmen (ganz links) geht auf ein Wunder zurück. Um 1445 war das Christuskind in Begleitung der 14 Nothelfer hier einem Schäfer erschienen. Unmittelbar über diesem Ort befindet sich der Rokoko-Gnadenaltar (großes Bild) der Brüder Feichtmayr, umgeben von den Skulpturen der 14 Nothelfer (Bilder unten). Ein geschnitztes Kommuniongitter begrenzt das Heiligtum (links).

Der Bamberger Dom St. Peter und St. Georg gehört zu den deutschen Kaiserdomen und ist herausragender Bestandteil des UNESCO-Weltkulturerbes Bamberger Altstadt. Ab 1004 entstand der erste Dom, eine dreischiffige doppelchörige Pfeilerbasilika. Nach einem Brand erfolgte im 13. Jahrhundert die Errichtung eines großartigen Neubaus, in dem sich die Wende von der Spätromanik hin zur Gotik in mehreren Bauabschnitten nachvollziehen lässt.

Der bildnerische Schmuck des Doms gehört zu den bedeutsamsten Schöpfungen der deutschen Plastik im 13. Jahrhundert. Auch hier sind spätromanische, byzantinische und französische Einflüsse nachzuweisen. Noch immer ungesichert ist die Deutung des berühmten »Bamberger Reiters«. Die Kirche wurde ab 1611 barockisiert und ab 1829 auf Wunsch König Ludwigs I. im Sinne einer romantisierenden Mittelaltervorstellung purifiziert.

Kunsthistorisch bedeutende Schätze finden sich im Innern des Bamberger Doms (unten links): Der Kirchgattendorfer Altar aus dem Jahr 1510 zeigt Maria flankiert von Katharina von Alexandrien und der heiligen Barbara (links), der Bamberger Reiter gilt als frühestes Reiterstandbild seit der Antike (unten). Tilman Riemenschneider schuf das Kaisergrab für Heinrich und Kunigunde vor dem Georgenchor (unten Mitte und ganz links).

WALDSASSEN

In der Oberpfalz an dem malerischen Flüsschen Wondreb liegt die Abtei Waldsassen. Neben der weltberühmten Stiftsbibliothek, die in einem Übergangsstil zwischen Hochbarock und Rokoko 1726 vollendet wurde, ist die Klosterkirche ein weiterer Höhepunkt. Im Laufe der Zeit wurde die Anlage, wie etwa im Dreißigjährigen Krieg, stark zerstört, sodass 1685 der Grundstein für einen neuen Kirchenbau gelegt wurde. Kirchenbaumeister Abraham Leuthner und die Gebrüder Dientzenhofer schufen eine besonders prachtvolle Barockkirche, die 1704 geweiht wurde. Während der Säkularisation wurde das Kloster aufgelöst, die Gebäude gingen in Staatsbesitz über, und die Kirche wurde in diesem Zuge zur Pfarrkirche. Doch im Jahr 1863 konnte das Kloster wieder seiner ursprünglichen Bestimmung zugeführt werden. Die Stiftskirche wurde 1969 zur päpstlichen Basilika erhoben.

Die erhabene Raumwirkung im Innern wird durch den hochbarocken Baustil böhmischer und italienischer Prägung unterstützt. Der Stuck stammt von Giovanni Battista Carlone aus Italien und das Freskat von Jakob Steinfels aus Prag (rechts). Die Orgel wurde 1738 von Johann Konrad Brandenstein errichtet (ganz rechts).

WALDSASSEN

Besonderer Blickfang ist die im Volksmund als »Kapplkirche« bezeichnete Dreifaltigkeitskirche in Kappl nahe dem Glasberg bei Waldsassen. Meisterhaft wurde hier das Thema der Dreifaltigkeit in der Architektur der Kirche realisiert. Selbst der Grundriss ist nach der Idee der Dreieinigkeit konzipiert. So dominiert die Zahl Drei sowohl im Innern des Gotteshauses, als auch außen in den drei Zwiebeltürme mit den drei Dachreitern. Innen führen drei Altäre, die von jeweils einem Gewölbe überschirmt werden, den Gedanken der Trinität weiter. Die drei Deckengemälde stammen von dem Maler Oskar Martin-Armorbach, der sie zwischen 1934 und 1940 schuf. Die ursprünglichen, barocken Fresken fielen einem Brand im Jahr 1880 zum Opfer. Baumeister dieser ungewöhnlichen Kirche ist der Hofarchitekt Georg Dientzenhofer, der auch am Bau der Stiftskirche in Waldsassen beteiligt war.

Strahlend weiß heißt die »Kapplkirche« ihre Besucher willkommen. Aufgrund ihrer Bauweise steht sie in der Tradition der Rundkirchen (unten). Die Kuppelfresken stellen die Dreifaltigkeit dar; rechts: das Gemälde Gott Vaters. Trotz mehrfacher Umbauten verfügt die Orgel über Originalbestand aus der Zeit um 1736 (ganz rechts).

BASILIKA ST. JOHANNES EVANGELIST

DREIFALTIGKEITSKIRCHE KAPPL

Architektonisch bildet der Sakralbau des »Käppeles« ein filigranes Gegenstück zum wuchtigen Bau der Festung Marienberg. Um 1640 hatte die erste Wallfahrt auf den Berg stattgefunden. Der Baumeister Peter Wagner ließ zwischen 1765 und 1768 einen figurenreichen Stationenweg anlegen, der in 256 Stufen zur Terrasse vor der Wallfahrtskirche hinaufführt. Von dort genießt man einen beeindruckenden Blick auf die Stadt und den Main. Auch für das »Käppele« fertigte Mainfrankens Barockbaumeister Balthasar Neumann die Pläne an. Kreative Ergänzung bildeten der Stuckateur Johann Michael Feichtmayr und der Freskenmaler Matthäus Günther, die sich ideal auf das barocke Raumgefüge Neumanns einstimmten. Das Resultat: ein großes Deckengemälde, das die Geschichte der Wallfahrt zum Käppele erzählt, und das Kuppelfresko mit Wirken Marias als »Patrona Franconiae«.

Die katholische Wallfahrtskirche Mariä Heimsuchung auf dem Nikolausberg (links) ist im Volksmund auch als »Käppele« bekannt. Die Bezeichnung »Käppele« wird der schmucken Kirche wegen ihrer Größe und der Bedeutung für die Wallfahrer jedoch nicht gerecht. Der Name ist ein Relikt aus der Zeit um 1700, als hier nur die barock ausgestattete Gnadenkapelle stand, die heute in das Bauwerk integriert ist (großes Bild).

Mächtig erhebt sich der Dom St. Kilian über der Würzburger Altstadt. Neben dem Dom zu Speyer gehört er zu den größten romanischen Kirchen Deutschlands. Der ursprüngliche Bau lässt sich ins 8. Jahrhundert datieren. Ab 1040 begann unter Bischof Bruno ein ehrgeiziges Neubauprojekt, bei dem unter anderem das Langhaus entstand. Die Einmaligkeit der Innenausstattung aus damaliger Zeit ist heute nur noch zu ahnen: Die Malereifragmente in der Krypta legen davon Zeugnis ab. Zu Beginn des 18. Jahrhunderts wurde das Kirchenschiff im Barockstil umgestaltet. Als einer der wichtigsten Baumeister der Epoche hinterließ auch Balthasar Neumann hier seine Spuren. Der Pracht folgte die Katastrophe, als St. Kilian im Zweiten Weltkrieg zerstört wurde. Nach der Sicherung der Bausubstanz konnte eine Grundsanierung angegangen werden, die 1967 abgeschlossen wurde.

Die Grabplatte des 1519 verstorbenen Bischofs Lorenz von Bibra (ganz unten) ist ein Werk Tilman Riemenschneiders. Der reiche Wand- und Deckenschmuck lässt vergessen, dass der Dom (unten: Außenansicht) nach dem Zweiten Weltkrieg mühevoll rekonstruiert wurde (rechts).

Am Standort der Marienkapelle vereinen sich die jüdischen und christlichen Spuren der Stadt Würzburg. An der Stelle, an der heute das katholische Gotteshaus steht, befand sich einst eine Synagoge. In der Mitte des 14. Jahrhunderts waren die Juden der Stadt vertrieben oder ermordet worden, und die Synagoge wurde zerstört. Der Grundstein für die spätgotische Marienkapelle wurde im Jahr 1377 gelegt. Über ein Jahrhundert sollte es bis zu ihrer Fertigstellung dauern. Der Bau ist eine Erinnerungsstätte für zwei Künstler, die in Würzburg und darüber hinaus Maßstäbe gesetzt haben: Tilman Riemenschneider, der große Bildhauer an der Wende vom 15. zum 16. Jahrhundert, hinterließ die beiden Figuren Adam und Eva am Marktportal. Zwei Jahrhunderte darauf wirkte Balthasar Neumann, der große Architekt des Barock, der in der Marienkapelle seine letzte Ruhestätte fand.

Das Kreuzrippengewölbe der Würzburger Marienkapelle ist ein typisches Element gotischer Architektur. Ein silberner Schrein auf dem Hauptaltar birgt die Reliquien des heiligen Makarius (großes Bild). Reicher bauplastischer Schmuck ziert die Fassaden (unten).

Die Hofkirche der Würzburger Residenz verfügt zwar über eine vergleichsweise geringe Grundfläche, erstreckt sich aber über die gesamten drei Geschosse des Südwestflügels der Residenz und birgt eine barocke Architektur vom Feinsten. Balthasar Neumann kreierte einen vollkommenen Sakralbau von hohem künstlerischem Rang. Besonders die fünf Ovalkuppeln – das zentrale Längsoval wird von je zwei Querovalen flankiert – bestechen durch ihre Eleganz und Raffinesse, die den Betrachter vergessen lassen, dass er sich hier in einem rechteckigen Kastenraum befindet. Mit diesem Bau gelang Balthasar Neumann sein erster Sakralbau im Stil der böhmischen Kirchenarchitektur des Barock, für die Baumeister und Architekt Johann Dientzenhofer als Erster die Maßstäbe gesetzt hatte. Zu den Höhepunkten zählen die Seitenaltäre mit Bildern des venezianischen Malers Giovanni Battista Tiepolo.

Bei einer Höhe von fast 19 Metern ist die Hofkirche durch ein Gebälk zweigeteilt. Getragen wird die Empore von Stuckmarmorsäulen mit vergoldeten Kapitellen (links). Die meisten der Kunstwerke im Innern stammen von Künstlern, die am Würzburger Hof wirkten. Die Stuckarbeiten schuf der Italiener Antonio Bossi. Für die Marmorskulpturen war Johann Wolfgang van der Auvera verantwortlich (großes Bild).

NÜRNBERG

Unweit der Museumsbrücke ragt als monumentaler steinerner Zeuge des immer noch sehr altdeutsch anmutenden Stadtbilds von Nürnberg die gotische St.-Lorenz-Kirche auf. Baubeginn für die dreischiffige Basilika war um 1250, gut 200 Jahre später – nachdem St. Lorenz zu Reformationsbeginn evangelisch geworden war – wurde die Kirche um den hochgotischen Hallenchor erweitert. Die farbigen Maßwerkfenster des Chorumgangs – etwa das Kaiserfenster – sorgen für eine einzigartige Lichtarchitektur, die das Licht im Chorraum bündelt. Dadurch wird die Aufmerksamkeit auf die beiden wertvollsten Ausstattungsstücke gelenkt: den »Englischen Gruß« von Veit Stoß und das Sakramentshäuschen von Adam Kraft, ein knapp 18 Meter hohes durchbrochenes Tabernakel aus Sandstein in Form einer Fiale. Kunsthistorisch bedeutsam ist auch der Deocarusaltar aus dem Jahr 1436.

Die Westfassade (unten links) wird geprägt von zwei Türmen, die Gewändeportal, Fensterrosette (rechts: Innenansicht) und Maßwerkgiebel flankieren. Herausragende Skulpturen der Spätgotik sind (unten) Veit Stoß' »Englischer Gruß« (Verkündigung Mariae durch Gabriel) und das Sakramentshäuschen von Adam Kraft (ganz rechts).

NÜRNBERG

St. Sebald, die älteste und bedeutendste Pfarrkirche Nürnbergs, liegt in der Nähe des Rathauses unterhalb der Kaiserburg. Als Peterskirche 1050 gegründet, entstand ab 1230 bis 1274 eine dreischiffige Pfeilerbasilika mit Kreuzrippengewölbe, zwei Chören und Krypten sowie einer großen Doppelturmanlage. Der Bau orientierte sich am Bamberger Dom und zeigte Einflüsse der Ebracher Zisterzienserbauhütte. Im 14. Jahrhundert erfolgte der Umbau zur Hallenkirche. Ab 1361 entstand ein Hallenumgangschor, der in stilistischer Nähe zu Schwäbisch Gmünd steht. In der Zeit der Reformation bekam St. Sebald eine wertvolle Innenausstattung, die auf den Einfluss der Nürnberger Bürgerschaft zurückgeht und die Bedeutung als Ratskirche widerspiegelt. Im Zweiten Weltkrieg wurde die Kirche weitgehend zerstört, nach einer Restaurierung konnte sie 1957 wieder eingeweiht werden.

Mächtig erhebt sich der Ostchor von St. Sebald oberhalb des Markts (unten links). Der Innenraum beeindruckt mit Kunstwerken wie der Strahlenkranz- und der Gotischen Madonna (großes Bild, an den Bündelpfeilern im Vordergrund), dem Sebaldusgrab (unten) oder der Kreuzigungsgruppe über dem Petersaltar (ganz rechts).

ST. LORENZ

ST. SEBALD

Wie in einem Säulenwald fühlt sich der Betrachter angesichts der mächtigen Pfeiler von St. Sebald, die oben scheinbar nahtlos mit der gewölbten Decke verschmelzen. Gesteigert wird die Intensität des Erlebens durch die Kreuzigungsgruppe von Veit Stoß mit Jesus, Maria und Johannes.

Der Sakralbau mit seinen himmelstrebenden Türmen ist Wahrzeichen der Vier-Flüsse-Stadt. Hier feiert die Gotik einen ihrer Höhepunkte auf süddeutschem Boden. Gott brachte einst Licht in diese Welt – dieser Lichtmetapher folgend, wurden gotische Innenräume durch farbige Glasfenster zu mystischen Lichträumen. So auch der Regensburger Dom mit seinem großen Bestand originaler mittelalterlicher Farbfenster. Eng mit dem Dom verbunden ist auch der Chor der Regensburger Domspatzen, die mit ihrer Sangeskunst den gotischen Raum förmlich zum Klingen bringen. Mit dessen Bau wurde im 13. Jahrhundert begonnen, es folgten über 600 Jahre hinweg Um-, An- und Rückbauten. Aus der Anfangszeit stammen die steinernen Vierungsfiguren von Maria und Gabriel, später kamen die Skulpturen von Paulus und Petrus hinzu. Ihm ist die Bischofskirche geweiht.

Stimmungsvoll überragen die beiden Türme von St. Peter die Altstadt im Abendlicht (ganz links). Strebepfeiler und Kreuzrippengewölbe dienten dazu, die Statik für eine möglichst große Durchfensterung der Mauern zu gewährleisten. Das gilt für das Langhaus ebenso wie für den Chor mit den Glasfenstern (Bilder unten). Der silberne Altaraufsatz wurde zwischen 1695 und 1785 von einem Augsburger Meister geschaffen (links).

WELTENBURG

An den Ausläufern des südlichen Fränkischen Juras hat die Donau vor etwa einer Million Jahren ein enges, sehr malerisches Flusstal geschnitten. Auf einer bereits seit der Steinzeit besiedelten Landzunge steht das Kloster Weltenburg, das mit der um 1050 errichteten Klosterbrauerei eine der ältesten Bierbrauereien der Welt besitzt. Hochwasserschäden und Plünderungen haben dem Bau immer wieder zu schaffen gemacht. Zwischen 1716 und 1739 wurden die heutige barocke Klosteranlage und die Kirche von den Brüdern Asam erbaut. Von außen wirkt das Gotteshaus eher schlicht und lässt seine Raumgestaltung, im Stil des bayerischen Hochbarock, nur erahnen. Der Hauptraum wird durch vier Nischen mit Altären von Egid Quirin Asam geprägt. Mittelpunkt im Presbyterium ist der Hauptaltar, flankiert von gewundenen Säulen, zwischen denen St. Martin und St. Maurus thronen.

Malerisch liegt das Kloster an einer Biegung der Donau. Schiffe legen von hier ab und passieren den nahe gelegenen Donaudurchbruch (ganz links). Im Innern der Klosterkirche St. Georg fasziniert die Ausstattung der Gebrüder Asam. Besonders gelungen sind der Hauptaltar mit einem Altarbild des heiligen Georg, der mit dem Drachen kämpft (großes Bild und unten) und das barocke Deckenfresko (links).

Geweiht ist die Abteikirche St. Michael mit den beiden Zwiebeltürmen dem Erzengel Michael, der als goldene Figur von der Kuppel herab schimmert. Die dreischiffige Basilika mit zwei Westtürmen und Vorhalle wurde bereits im 13. Jahrhundert errichtet und erfuhr in den folgenden 200 Jahren vielfältige Veränderungen. Ihre heutige barocke Gestalt erhielt die Kirche jedoch erst im Verlauf des 18. Jahrhunderts unter Abt Roman II. Märkl. Der österreichische Bildhauer und Stuckateur Franz Josef Ignaz Holzinger schmückte Kircheninnenraum und Bibliothekssaal mit eindrucksvollen Stuckarbeiten aus. Die Barockbibliothek mit einem Bestand von rund 35 000 Büchern fasziniert mit ihren tragenden figürlichen Säulen, den schönen Deckenfresken mit Abbildungen von Thomas von Aquin und Bonaventura und den Bücherschränken des Straubinger Schreiners Jakob Schöpf.

Die beiden Zwiebeltürme sind das Wahrzeichen der Klosterkirche St. Michael (links). Durch das kunstvoll gestaltete Gußeisengitter fällt der Blick auf den Hochaltar. Das Bild wurde von Cosmas Damian Asam gemalt und zeigt den Kirchenpatron St. Michael (großes Bild). Besonders eindrucksvoll ist die barocke Klosterbibliothek, in der die allegorischen Figuren Weisheit und Religion einen Teil der Deckenlast tragen (unten).

Neben dem wertvollen Buchbestand ist die Bibliothek durch ihre einzigartige Ausstattung weltbekannt geworden. Die Leitidee der Freskenmalerei und der Stuckdekoration ist es, dass Weisheit nicht allein durch das Studieren der Bücher erlangt wird, sondern durch die göttliche Offenbarung.

Über der Altstadt thront zwischen den Flüssen Inn und Donau prunkvoll der Stephansdom. Seine imposante Größe spiegelt die Schlüsselstellung des Passauer Bistums für die Christianisierung des östlichen Donauraums wider. Nach einem verheerenden Stadtbrand konnten beim Wiederaufbau 1668 bis 1693 nur wenige Teile des Vorgängerbaus einbezogen werden. Auf diese Zeit geht das heutige Erscheinungsbild der Kathedrale zurück, die als »barocker Dom mit gotischer Seele« bezeichnet wird. Und tatsächlich verbindet sich dank des italienischen Architekten Carlo Lurago der hochgotische Langchor erstaunlich harmonisch mit der barocken Formensprache des Langhauses, der Doppelturmfassade und der Turmbekrönungen samt böhmischen Kappen. Die italienisch geprägte hochbarocke Innenausstattung des Doms stammt von Giovanni Battista Carlone und Carpoforo Tencalla.

Die drei Kuppeltürme von St. Stephan setzen Akzente in der Altstadt (ganz links). Die enormen Ausmaße dieser Barockbasilika werden dem Besucher bewusst, wenn er im hell getünchten Langhaus mit Stuckaturen von Giovanni Battista Carlone Richtung Chor blickt (links). Die Kuppelfresken schuf der Maler Carpoforo Tencalla um 1680 (unten). Unten links: Ein Blickfang ist die vergoldete Kanzel aus dem 18. Jahrhundert.

Die Bischofskirche ist die Grabstätte des heiligen Willibald, auf dessen Gründungsbau (8. Jahrhundert) der Mariendom zurückgeht. Das Erscheinungsbild ist durch die hoch- und spätgotische Formensprache geprägt. Die barocke Westfassade wurde von Gabriel de Gabrielis konzipiert. In der Hallenkirche zeigt eine Renaissanceskulptur von 1514 Willibald in sitzender Haltung. Die Blickachse zwischen ihm und dem je amtierenden Bischof schafft eine Zeitklammer über die Jahrhunderte hinweg, die auch in der langen Baugeschichte greifbar wird. Davon zeugen die Elemente des 20. Jahrhunderts ebenso wie romanische Glockentürme, der Westchor oder die hochgotische Halle mit dem Hauptportal. Der Westflügel des Kreuzgangs wurde zu einem »Mortuarium« ausgebaut. Die helle, zweischiffige Halle dieser Grablege ist ein herausragendes Beispiel der deutschen Spätgotik.

Die Holzfiguren einer Madonna, flankiert von zwei Schutzheiligen des Bistums Eichstätt, bilden das Zentrum des Hochaltars (großes Bild). Die Kanzel (unten) ist Teil der neugotischen Ausstattung. Erwähnenswert sind die »Schöne Säule« und die »Gewundene Säule« im Mortuarium (ganz unten).

EICHSTÄTT — SCHUTZENGELKIRCHE

»Hütet euch davor, einen von diesen Kleinen zu verachten ... Ihre Engel im Himmel sehen stets das Angesicht meines himmlischen Vaters« (Matthäus 18,10). Nach katholischer Lehre ist jedem Gläubigen ein Schutzengel beigegeben. Und davon gibt es mit über 550 gemalten oder plastischen Exemplaren ganze Heerscharen in dieser ab 1617 erbauten und bis 1739 barock mit Stuck, Skulpturen, Fresken und Altären ausgeschmückten Jesuitenkirche. Der Bautypus der Wandpfeileranlage, wie die Jesuiten sie auch in München und Dillingen verwendeten, wurde hier vervollkommnet. Der lichte Raum in den Tönen Weiß, Rosa und Gold im Kontrast zu dunkleren Holztönen ist mit seiner beschwingten Stimmung eine einzige »jubelnde Sinfonie«, mit einem Crescendo Richtung Hochaltar, wo die Engelsthematik in Johann Evangelist Holzers Gemälde des Erzengels Michael im Kampf mit Luzifer kulminiert.

Durch ihre einheitliche Engelsthematik wird die Innenausstattung zu einer harmonischen Gesamtkomposition. Die Seitenaltäre markieren mit ihren bewegten plastischen Engelsgruppen als Altarbekrönungen den Weg zum Hauptaltar. Die Entwürfe stammen von dem Hofbildhauer Matthias Seybold.

EICHSTÄTT — ABTEI ST. WALBURG

Das Bauensemble der 1035 gestifteten Benediktinerinnenabtei, heute bestehend aus der Kirche mit 1746 vollendetem Barockturm, Konvent, Schule und Gästehaus, prägt das Stadtbild eindrucksvoll. Der Wallfahrtsort kann auf eine fast 1000-jährige Tradition zurückblicken, die mit der Überführung der Gebeine der als Missionarin tätigen Benediktineräbtissin Walburga hierher und ihrer Bestattung in der bis heute erhaltenen und mit unzähligen Votivtafeln geschmückten Gruft begann. Die Heilige (710–779) ist mit ihrem Attribut, einem Fläschchen mit wundertätigem Öl, als Skulptur dargestellt; ebenso zeigt sie das Hochaltarbild von Joachim Sandrart, das den Blick in dem 1631 entstandenen einschiffigen Bau auf sich zieht. Die frühbarocke Wandpfeilerkirche mit eingezogenem Chor und verglaster Empore konnte trotz der Verwüstungen durch den Dreißigjährigen Krieg gerettet werden.

Hinter den Chorschranken fällt der Blick auf das hochbarocke Altargemälde. Es zeigt die heilige Walburga im Ordensgewand der Benediktinerinnen in himmlischer Verherrlichung. Sie und ihre drei heiliggesprochenen Geschwister sind als Schnitzfiguren im Domaltar dargestellt.

Der Dom St. Maria und St. Korbinian, der sich weithin sichtbar auf dem Domberg über Freising erhebt, blickt auf eine lange Baugeschichte zurück. Nach Vorläufern im 8. Jahrhundert wurde der heutige Bau mit den massiven Türmen im 12. Jahrhundert als romanische Basilika erbaut und später immer wieder umgestaltet. Vom romanischen Ursprung zeugen bis heute das Hauptportal und die Krypta mit der Bestiensäule. Das gotische Gewölbe im Hauptschiff wurde im 15. Jahrhundert eingezogen. Auch das Chorgestühl (1488) wurde in der Gotik eingefügt. 1625 kam der von Philipp Dirr geschaffene Hochaltar hinzu, ebenso ein von Peter Paul Rubens gemaltes Altarbild mit dem »apokalyptischen Weib«, dessen Original sich in der Münchener Pinakothek befindet. Die Stuckaturen und Fresken, die dem Innenraum seinen spätbarocken Glanz geben, sind ein Werk der Gebrüder Asam.

Das Gemälde im Hochaltar stammt von Peter Paul Rubens (links und unten links). Die farbenfrohe Decken- und Wandgestaltung der Brüder Asam geben dem Innenraum ein spätbarockes Gepräge: Die Fresken des Malers Cosmas Damian Asam werden durch die ornamentalen Formen des Stuckateurs Egid Quirin Asam ergänzt, sodass der Raum eine harmonische Gesamtwirkung erzielt (großes Bild).

1733 errichtete Egid Quirin Asam, innovativer Stuckateur und Bildhauer, eine Kirche, die er dem heiligen Nepomuk weihte. Zusammen mit seinem Bruder Cosmas Damian Asam, der als bester Maler Süddeutschlands galt, gestaltete er sie als »theatrum sacrum« – als heiliges Theater, in dem sich Architektur, Malerei, Skulptur und Licht zu einem Gesamtkunstwerk vereinen. Das Kirchenschiff verjüngt sich Richtung Chor. Abgerundete Ecken, Seitennischen und gedrehte Säulen heben die architektonische Strenge des Raumes auf. Das Erdgeschoss ist dunkel gehalten. Die hellere Galerie des Emporengeschosses zieht den Blick nach oben. Dort lag der Zugang zu Egid Quirins Wohnhaus. Über dem Gebälk setzt das indirekt beleuchtete Tonnengewölbe an, dessen Deckenmalereien eindrucksvolle Szenen aus dem Leben des heiligen Johann Nepomuk zeigen.

Als Gesamtkunstwerk aus Formen, Farben und detailreichem Figurenschmuck zeugt die Asamkirche von der fast heiteren Religiosität ihrer Erbauer. Vier gewundene Säulen flankieren den Hochaltar (großes Bild). Über dem Portal erhebt sich die Statue des heiligen Nepomuk (unten).

Ob es stimmt, weiß man nicht so genau, jedenfalls ist die Geschichte hübsch: Kurz nach der Grundsteinlegung stürzte anno 1590 der Turm der St.-Michael-Jesuitenkirche ein und zerstörte den Chor. Die Finanzbeamten des Herzogs hielten dies angesichts leerer Kassen für ein Zeichen des Himmels und schlugen vor, auf den Chorraum ganz zu verzichten. Wilhelm V. der Fromme entgegnete, dass der zerstörte Chorraum für einen bedeutenden Engel wie den heiligen Michael viel zu klein gewesen sei; so entstand ein überproportional langer Chorraum, eines der Merkmale von St. Michael. Es ist ein auffälliges Gotteshaus, das eher einem historischen Rathaus ähnelt als einer Kirche. Die Fassade zeigt den Übergang von Renaissance zum Barock. St. Michael wurde als Grabgelege der Wittelsbacher konzipiert. Der berühmteste Tote in der Gruft ist König Ludwig II., der geliebte »Kini«.

Das mächtige weiße Langhaus (unten) gibt den Lebens- und Leidensweg Christi wieder, der an dem heute im Querschiff stehenden Kreuz endet. Das Gemälde des Hochaltars zeigt »St. Michael im Kampf mit dem Teufel« und stammt von dem Kirchenmaler Christoph Schwartz (großes Bild).

Der prachtvolle, ja überbordende Saal der Asamkirche ist das Ergebnis der Zusammenarbeit des genialen Brüderpaars Cosmas Damian und Egid Quirin Asam, die zu den bedeutendsten Künstlern des deutschen Spätbarock gehören. Die Asamkirche ist eines ihrer berühmtesten Werke.

Ihre Türme mit den welschen Hauben sind das Wahrzeichen Münchens. Der eine, »Stasi«, ist mit 100 Metern höher als der »Blasi« mit 99 Metern. Höheres gibt es nicht, denn die Stadt hat beschlossen, dass kein anderes Gebäude des Stadtzentrums höher als 100 Meter werden darf. »Aus, Äpfel, Amen«, wie der Münchner sagt. Die Frauenkirche ist sein liebstes Gotteshaus. Wenn man das mächtige Geläut des Doms »Zu Unserer Lieben Frau« hört, kann man diese Liebe verstehen. Majestätisch klingen die zehn Glocken, von denen die dickste, die Salveglocke »Susanna« von 1490, rund acht Tonnen wiegt. Der gotische Backsteinbau wurde bis 1494 in nur 20 Jahren fertiggestellt, weil der Papst allen Sündern, die nach München pilgerten und einen Wochenlohn spendeten, Ablass gewährte. Papst Benedikt XVI. wurde als Erzbischof 1977 für einige Jahre hierher berufen.

Der Dom »Zu Unserer Lieben Frau« (großes Bild, rechts) ist seit 200 Jahren die Kathedrale der Erzbischöfe von München und Freising. Die elf Säulenpaare streben über 20 Meter in die Höhe (ganz unten) und fügen sich oben organisch in das verzierte Deckengewölbe (unten).

Wenn man so will, ist die Stiftskirche St. Kajetan – wie die Theatinerkirche offiziell heißt – ein italienisches Gotteshaus. Zwar wurde die Kirche von der bayerischen Kurfürstin Henriette Adelheid von Savoyen anlässlich der Geburt ihres Sohnes, des späteren Kurfürsten Max Emanuel, in Auftrag gegeben, doch Italiener planten und bauten sie – nach italienischem Vorbild: St. Andrea della Valle in Rom stand Pate, als Agostino Barelli aus Bologna mit den Arbeiten begann. Er hatte nicht lange Freude daran, denn er überwarf sich mit seinem Landsmann, dem Theatinermönch Antonio Spinelli, der überdies Beichtvater der Kurfürstin war. 1674 war gerade der Rohbau fertig, als Enrico Zuccalli die Leitung übernahm, der auch die eigenwilligen Türme entwarf. Doch erst 100 Jahre nach der Weihe 1675 vollendeten die beiden François de Cuvilliés d. Ä. und d. J. die Rokokofassade von St. Kajetan.

Die Tambourkuppel der Theatinerkiche (großes Bild links und unten) wurde von dem italienischen Baumeister Enrico Zuccalli konzipiert, der auch für den Innenausbau verantwortlich war. Den Hochaltar von 1722 (ganz unten) ziert ein Gemälde von Gaspar de Crayer.

Ein ganz und gar außergewöhnlicher Blickfang ist die neue Herz-Jesu-Kirche im Stadtteil Neuhausen. Sie wurde 1997 bis 2000 nach Plänen des Münchner Architekturbüros Allmann Sattler Wappner anstelle eines 1994 abgebrannten Vorgängerbaus von 1951 gebaut. Die Kirche ist ein charaktervoller Kubus mit einer blauen, 14 Meter hohen gläsernen Front und halbtransparenten Seiten. Die komplette Vorderseite lässt sich wie ein riesiges Tor vollständig öffnen, was allerdings nur an hohen Feiertagen geschieht; ansonsten betritt man die Kirche durch zwei kleinere Türen im Hauptportal. Im Innern befindet sich ein weiterer Kubus, diesmal aus hellem Holz, der ein warmes, einladendes Gefühl der Geborgenheit verbreitet. Ein durch und durch gelungenes modernes Gotteshaus, das die Gläubigen wohlwollend empfängt und nicht verstört wie so viele andere sakrale Neubauten.

Die Herz-Jesu-Kirche in München ist eines der spektakulärsten modernen Gotteshäuser Deutschlands. Das gilt für die 14 Meter hohe blaue Fassade, die sich wie ein riesiges Tor öffnen lässt (großes Bild) ebenso wie für die ergreifende Schlichtheit des Innenraums mit dem Marienbild im Gitternetz (links). Die Orgel (ganz links) mit 60 Registern wurde 2007 angefertigt und stammt aus der Werkstatt des Orgelbauers Gerald Woehl.

ALTÖTTING

Die vermutlich um das Jahr 700 entstandene Gnadenkapelle gehört zu den ältesten Zentralbauten Deutschlands. Dem Kernbau in Form eines achteckigen Turms wurden später ein Spitzturm, ein Schiff, ein offener Umgang und eine Sakristei angefügt. Seit dem frühen 16. Jahrhundert gehört Altötting zu den sechs bedeutendsten Marienwallfahrtsorten Europas. Nachdem im Jahr 1489 der Legende nach ein dreijähriges Kind, das zuvor in den Bach gefallen war, auf dem Altar gerettet wurde, steht das Gnadenbild der »schwarzen Madonna« im Zentrum der Verehrung. Die über 2000 Votivbilder im Umgang der Kirche zeugen von der Dankbarkeit der Pilger. Wertvolle Werke der Sakralkunst schmücken die Innenräume. In Wandnischen auf der Westseite des Turms befinden sich silberne Urnen, die als Behältnisse für die Herzen der Kurfürsten und Könige aus dem Haus Wittelsbach dient.

Herz des Städtchens Altötting ist der Kapellplatz (unten), an dem auch die Gnadenkapelle liegt. Der 1670 vollendete Gnadenaltar im Innern (großes Bild) birgt die geschnitzte frühgotische Statue der »schwarzen Madonna« (ganz rechts). Mit Holzkreuzen auf den Schultern soll die Kapelle dreimal umrundet werden (rechts).

ALTÖTTING

STIFTSKIRCHE

Am südlichen Rand des Kapellplatzes in unmittelbarer Nähe zur Gnadenkappelle, der bedeutenden Marienwallfahrtskirche, entstand von 1499 bis1511 die Stiftskirche. Der Neubau war notwendig geworden, weil seit Beginn der Wallfahrt 1489 die Flut der Pilger in Altötting stetig zunahm. Die spätgotische Hallenkirche wurde auf den Resten des Vorgängerbaus errichtet, und so blieben unter anderem die beiden Türme und die Vorhalle der romanischen Basilika erhalten. Die Portale an der Nord- und Südseite schmücken kunstvoll geschnitzte Reliefs des Bildhauers Matthias Kreniß. Die nach 1510 datierten Kunstwerke zeigen im Süden die Geburt Christi und die Anbetung der Heiligen Drei Könige und im Norden Maria und Ursula sowie die Kirchenpatrone Philippus und Jakobus. Die Tillykapelle im Kreuzgang dient dem Feldherrn des Dreißigjährigen Krieges als letzte Ruhestätte.

Der klassizistische Hochaltar stammt aus der Zeit um 1800. Ihn schmückt ein 1796 entstandenes Gemälde von Johann Jakob Dorner, das Maria als Helferin der Christenheit zeigt. Flankiert wird das Altarbild von den Statuen des heiligen Rupert und des heiligen Sebastian.

ALTÖTTING

ST. ANNA

Mit ihren Maßen von 83 Meter Länge, 28 Meter Breite und 24 Meter Höhe ist die Basilika St. Anna die größte im 20. Jahrhundert erbaute Kirche im deutschen Raum. Nach einer kurzen Bauzeit von zwei Jahren wurde das Gotteshaus 1912 geweiht. Als der bayerische Wallfahrtsort Altötting Ende des 19. Jahrhunderts an den überregionalen Schienenverkehr angeschlossen wurde, wuchs der Pilgerstrom und machte den Neubau einer größeren Wallfahrtskirche notwendig. Das im Stil des Neobarock oder Historismus nach den Plänen von Johannes Schott errichtete Gebäude, das 1913 von Papst Pius X. zur päpstlichen Basilika erklärt wurde, besitzt einen Hochaltar und zwölf Seitenaltäre. Die in drei Stockwerke gegliederte Vorderfassade zeigt auf einem Relief ganz oben St. Anna, die Patronin der Kirche, und etwas tiefer die vier Statuen, die Adam, Abraham, Jesse und David abbilden.

Bis zu 8000 Gläubige gleichzeitig können in der päpstlichen Basilika St. Anna am Gottesdienst teilnehmen. Der mächtige Hochaltar, dessen Altarbild das bayerische Königswappen ziert, wurde von Prinzregent Luitpold gestiftet, der von 1986 bis zu seinem Tod 1912 in Bayern regierte.

Die Basilika ist Grablege der beiden Heiligen Ulrich (Bischof im 10. Jahrhundert) und Afra (gest. 304). Die Ursprünge des Gotteshauses reichen bis in das 8. Jahrhundert zurück, das heutige Gebäude im Stil der Spätgotik ist jedoch primär eine Schöpfung des 15. Jahrhunderts. Den Weg zur Kirche weist der auffällige, 93 Meter hohe Turm von 1594. Sein zwiebelförmiges Dach wurde zum Vorbild vieler in der Barockzeit erbauten Kirchen Bayerns. Im Innern wird der Blick Richtung Decke gezogen, die mit einem filigranen Gespinst von Stern- und Netzgewölben ausgeführt ist. Zu den wertvollsten Ausstattungsstücken aus der Zeit der Gegenreformation zu Beginn des 17. Jahrhunderts gehören eine bronzene Kreuzigungsgruppe, geschnitzte Choraltäre sowie der fünfgeschossige Hochaltar mit zahlreichen Schnitzfiguren. Fast barock mutet schon der spätgotische Baldachin der Simpertuskapelle an.

Mit ihrer markanten, barock wirkenden Turmhaube ist die Stadtpfarrkirche und Basilika St. Ulrich und Afra (unten links: hinter dem Herkulesbrunnen an der Maximilianstraße) ein Wahrzeichen von Augsburg. Ihr imposantes Langhaus ist rund 30 Meter hoch. Die sorgsam ausgeführten Netz- und Sterngewölbe der Decke mit ihren Malereien markieren einen Höhepunkt der Spätgotik (übrige Bilder).

In seiner rund 1200 Jahre langen Geschichte wurde der Dom des Bistums Augsburg immer wieder den aktuellen Baustilen angepasst. Seine Wurzeln liegen bereits im frühen 9. Jahrhundert. Romanische Elemente sind gut im Mittelschiff auszumachen, später folgten gotische Erweiterungen: Westchor, Langhaus, Ostchor, Kreuzgang. Während der Reformation litt die Innenausstattung, wurde jedoch in barockem, später in neugotischem Stil ergänzt. Kunsthistorisch besonders wertvoll sind fünf Glasgemälde mit den Darstellungen von Jonas, Daniel, Hosea, David und Moses teils aus dem 12. Jahrhundert. Bis zu seiner Verbringung ins Diözesanmuseum 2002 schmückte eines der bedeutendsten romanischen Bronzeportale Europas mit Darstellungen aus dem Alten Testament sowie Tiermotiven den Dom. In barockem Glanz erstrahlt die Marienkapelle, ein Zentralbau von Gabriel de Gabrieli.

Den romanischen Ursprung des Doms spiegeln die Türme mit ihren spitzen Hauben (unten links). Im 19. Jahrhundert wurde der Innenraum vom überbordenden Schmuck des Barock befreit. Nach der Sanierung zeigt sich die Architektur wieder in ihrer ganzen Klarheit, ergänzt durch Kunstgegenstände aus dem Mittelalter (großes Bild). Fenster und Kreuzrippengewölbe weisen den Kreuzgang als gotisch aus (links).

Die sich westlich an das Gebäude der alten Universität von Dillingen anschließende Studienkirche Mariä Himmelfahrt wurde Mitte des 18. Jahrhunderts im Stil des Rokoko prächtig umgestaltet. Dafür gewann man die damals beliebten Wessobrunner Stuckateure und Maler Johann Michael Fischer, Johann Georg Bergmüller und Christoph Thomas Scheffler. Letzterer schuf die prächtigen Deckenfresken in der vorgetäuschten Langhauskuppel. Sie zeigen Maria als Himmelskönigin, umgeben von Engeln, Propheten und Heiligen. Darunter wurden die Patrone der an der Universität vertretenen Studienrichtungen dargestellt. Eine echte Besonderheit ist der Hauptaltar (1760), der einer der wenigen erhaltenen Bühnenaltäre Deutschlands ist. Er zeigt auf dem Altarbild die Himmelfahrt Mariens, die von großen Holzfiguren, Ordensmitglieder der Jesuiten, umgeben wird.

Stimmig fügt sich die Studienkirche in das Dillinger Stadtbild ein (ganz links). Der Übergang von der Renaissance zum Barock spiegelt sich in der prachtvoll-üppigen Austattung des Kirchenschiffs mit seinen zahlreichen Seitenkapellen und kleinen Altären wider (großes Bild). Das Gemälde des Hauptaltars wurde von Johann Georg Bergmüller geschaffen und zeigt die Himmelfahrt Mariens (links).

ANDECHS

WESSOBRUNN

KLOSTER

»Hoch von gnadenreicher Stelle winkt die Schenke und Kapelle« – so beschrieb Wilhelm Busch seine Eindrücke von Kloster Andechs, dessen Zwiebelturm sich hoch über der Ostseite des Ammersees erhebt. Das Benediktinerkloster mit Kirche, Brauerei und Klosterschenke gehört zu den ältesten Wallfahrtsorten Bayerns und zieht jährlich Tausende von Pilgern und Besuchern an. Die Geschichte der Anlage reicht bis ins 10. Jahrhundert zurück als »Burg Andehse«, Familiensitz der Grafen von Andechs, durch den legendären Graf Rasso in Besitz von Reliquien aus dem Heiligen Land kam. Erste Wallfahrten sind bereits für das Jahr 1128 belegt, 1392 entstand unter Herzog Ludwig dem Strengen das Kloster auf dem Heiligen Berg. Die ab 1423 errichtete ursprünglich gotische Hallenkirche wurde durch die Fresken von Johann Baptist Zimmermann in einen eindrucksvollen Rokokoraum verwandelt.

Der Anblick der Türme und Dächer des »Heiligen Bergs« (ganz links) erfreut Pilger wie Wanderer. Im Innern beeindruckt der barocke Doppelhochaltar (großes Bild) mit dem Choraltar der Mönche im oberen Bereich und dem Wallfahrtsaltar unten, der die Muttergottes mit Zepter und Krone birgt (unten). Unten links: eine Seitenkapelle.

KLOSTER

Die Gründung des Klosters Wessobrunn geht auf eine Legende zurück, derzufolge der bayerische Herzog Tassilo III. im Traum eine Quelle schaute, deren Wasser in alle vier Himmelsrichtungen strömte. Der Herzog ließ nach dieser Quelle suchen und gab, nachdem man tatsächlich fündig geworden war, über der Stelle ein Kloster in Auftrag. Im Jahr 788 wurde die Anlage zum Reichskloster der Karolinger ernannt. Nach Zerstörung, Niedergang und Wiederaufbau wurde das Kloster 1803 im Zuge der Säkularisierung aufgehoben. Erst zu Beginn des 20. Jahrhunderts wurde die Anlage wiederaufgebaut und den Benediktinerinnen aus Tutzing übergeben. Einige der Klostertrakte sowie der Glockenturm der romanischen Kirche sind bis heute erhalten. Weltbekannt ist das Kloster heute für prachtvollen Stuckaturen, die von dem Wessobrunner Künstler Johann Schmuzer gefertigt wurden.

Die Klosterkirche St. Johann Baptist stammt aus dem 18. Jahrhundert (ganz links) und ist im Innern reich mit barocken Stuckaturen, ausgeschmückt. Der linke Seitenaltar birgt das Gnadenbild »Maria – Mutter der Schönen Liebe« (großes Bild). Die Stuckaturen des Prälatentrakts gehören zu den schönsten ihrer Art (Bilder unten).

»Herr, öffne meine Lippen!« – so beginnt das morgendliche Chorgebet der 22 Benediktinermönche im Kloster Ottobeuren. Die Abtei im bayerischen Schwaben blickt auf eine rund 1250-jährige Geschichte zurück. Das freie Reichskloster (seit 972) erlebte Epochen des Aufbaus, des Niedergangs wie auch Blütezeiten: zu Beginn des 12. Jahrhunderts im Zuge der Hirsauer Klosterreform, im 16. Jahrhundert beim humanistischen Aufbruch und im Laufe des 18. Jahrhunderts mit der Erhebung zum »Reichsstift« 1710 und dem darauffolgenden Neubau. Damals entwarfen einheimische Baumeister die heutige barocke Gesamtanlage mit den Konventgebäuden. 1737 bis 1766 entstand unter Johann Michael Fischer die prachtvolle Rokokoklosterkirche mit einem Raumkonzept, das Längs- und Zentralbau vereint, und einer lichtdurchfluteten Architektur samt freskenverzierter Kuppelgewölbe.

Der Innenraum aus dem 18. Jahrhundert ist ein wahres Fest für die Augen (großes Bild). Illusionistisch gemalte Deckenfresken ziehen den Blick nach oben. Sie stammen von Johann Jakob Zeiller und seinem Cousin Franz Anton Zeiller. Bilder unten: Details der Rokokoausstattung.

Kemptens christliche Wurzeln liegen im 8. Jahrhundert, als Benediktiner dort das erste Kloster gründeten. In den folgenden Jahrhunderten entstand eine Basilika im romanischen und gotischen Stil, die während des Dreißigjährigen Kriegs zerstört wurde. An gleicher Stelle wurde 1652 der Grundstein der St.-Lorenz-Basilika gelegt, womit einer der ersten bedeutenden Kirchenneubauten nach dem großen Glaubenskrieg begann. Im Jahr 1748 konnte das Gotteshaus geweiht werden. 1969 wurde St. Lorenz dann die Ehre zuteil, von Papst Paul VI. zur »Basilica minor« erhoben zu werden. Mit seiner Kuppel und den um 1900 fertiggestellten Türmen ist das Gebäude zum Wahrzeichen Kemptens geworden. Die Innenausstattung überzeugt mit einer Ausgewogenheit von barockem Schmuck und einem schlichten Weiß der Wände. Außergewöhnlich ist die Ausstattung mit gleich drei Orgeln.

Im Laufe der Zeit wurde die ehemalige Benediktinerstiftskirche St. Lorenz (unten) verschiedentlich umgestaltet. Prachtvoll erhebt sich der Hauptaltar im Zentrum des barocken Innenraums (großes Bild). Das Taufbecken besticht durch den Figurenschmuck auf dem Deckel (ganz unten).

1730 stellten die Mönche des Prämonstratenserklosters Steingaden für die Karfreitagsprozession ein Christusbildnis her, das später auf einem Bauernhof beim zum Kloster gehörenden Weiler Wies, unter den Bittgebeten der Bauernfamilie, plötzlich Tränen vergoss. Bald zogen Pilgerströme nach Wies, und so erteilte der Abt des Klosters den Auftrag zum Bau der vielleicht schönsten Rokokokirche Deutschlands. Man übertrug das Projekt dem Architekten Dominikus Zimmermann und seinem Bruder Johann Baptist, der den Innenraum ausmalte. Der Laienraum und der sich anschließende Chor wirken vor allem durch die gelungene Verbindung von Architektur und Dekoration, die eine gewaltige Licht- und Raumwirkung entfaltet. Von außergewöhnlicher Schönheit sind die Deckenfresken, die mit den Stuckarbeiten den zweigeschossigen Hochaltar mit dem Gnadenbild rahmen.

Von Weitem sichtbar liegt die Wallfahrtskirche zum Gegeißelten Heiland, besser bekannt als Wieskirche (Weltkulturerbe der UNESCO) auf einer Anhöhe im Pfaffenwinkel unweit von Füssen im Allgäu (links). Die Kuppeldecke schmückt ein Trompe-l'œil-Gemälde (unten) von Johann Baptist Zimmermann, dem berühmten Kirchenmaler und Stuckateur des Rokoko. Balthasar August Albrecht schuf das Altarbild (großes Bild).

Vor alpiner Kulisse überhöht eine große Rundkuppel malerisch die prächtige barocke Klosterkirche von Ettal. Im Innern zieht das grandiose Kuppelfresko von 1746 den Blick nach oben: Eine Szene zeigt dort den heiligen Benedikt, der Kaiser Ludwig dem Bayern ein Marienbildnis übergibt – eine bildnerische Vergegenwärtigung der aus politischen wie wirtschaftlichen Erwägungen erfolgten Gründung der bayerischen Benediktinerabtei im Jahr 1330. Seit dem 15. Jahrhundert wurde das von Ludwig gestiftete Gnadenbild einer italienischen Marienstatue Ziel von Wallfahrten zur »Ettaler Madonna«. Doch die eigentliche Blüte des Klosters, das auch einen Ritterkonvent beherbergen sollte, begann erst mit dem frühen 18. Jahrhundert, unterbrochen von einem verheerenden Brand 1744 und dem Wiederaufbau im Stil des Hochbarock nach Plänen Enrico Zuccallis und Joseph Schmuzers.

Man nähert sich dem Eingang der Klosterkirche mit ihrer für das Barock typisch geschwungenen Fassade über eine Treppe (links). So eingestimmt betritt man den Raum mit seiner barocken Innenausstattung (linke Seite unten). An den Hauptraum mit seinem illusionistisch gemalten Kuppelfresko (großes Bild) gliedert sich der Altarraum an. Die Tabernakelnische des Hochaltars krönt das Ettaler Gnadenbild (linke Seite oben).

ÖSTERREICH

Die Dichte an kostbaren Kirchen und Klöstern ist zwischen Bodensee, Drau- und Donautal besonders hoch. Woran das liegt? Zum einen wohl an der historischen Grenzlage: Als man vor über 1000 Jahren viele der heutigen Stifte gründete, waren diese Vorposten für die Missionierung im Osten. Viele Juwele aus jenen romanischen Pioniertagen und aus der Gotik faszinieren bis heute. Am tiefsten geprägt wurde die Architektur im Kernland des erzkatholischen Habsburgerreiches freilich im Barock, als Klerus und Adel im Triumph über Türken und Reformation einen beispiellosen Bauboom initiierten.

Das ist die klassische Ansicht der Wiener Innenstadt: ihr Wahrzeichen, der gotische Stephansdom mit seinem steilen Satteldach, dem knapp 137 Meter hohen Südturm und den beiden an der Westfassade erhaltenen Heidentürmen. Im Vordergrund die Barockkuppel der Peterskirche.

Der Stephansdom, Wiens wichtigstes Gotteshaus und von den Einheimischen liebevoll »Steffl« genannt, blickt auf eine gut 750 Jahre alte Geschichte zurück und gilt als ein Wunderwerk der Steinmetzkunst, bestehend aus 20 000 Kubikmetern Sandstein. Seine Westfassade stammt noch vom romanischen Vorgängerbau, der Rest ist hochgotisch. Heraus ragt im buchstäblichen Sinn der Südturm, mit 136 Metern der dritthöchste Kirchturm Europas. Von seiner über 343 Stufen erreichbaren Türmerstube genießt man das Panorama der Stadt, dessen Pracht schon Adalbert Stifter zu Elogen inspirierte. Die weihevoll-düsteren Innenräume des Stephansdoms beherbergen eine Vielzahl kostbarer Kunstschätze, allen voran das marmorne Hochgrab Kaiser Friedrichs III., den Wiener Neustädter Altar, die sogenannte Dienstbotenmadonna sowie die Domkanzel und den Orgelfuß.

Das Wahrzeichen Wiens ist der die Altstadt weit überragende Stephansdom, dessen Dach mit 230 000 in farbigen Zickzackmustern angeordneten Ziegeln gedeckt ist (ganz links). Durch das reich ausgestattete Mittelschiff fällt der Blick auf den barocken Hochaltar von Tobias und Johann Jakob Pock, der die Steinigung des heiligen Stephan zeigt (großes Bild). Links: die »Pummerin« im Nordturm, die größte Glocke Österreichs.

PETERSKIRCHE

Sie wetteifert mit der berühmten Karlskirche der beiden Fischer von Erlachs um den Ehrentitel der schönsten Barockkirche Wiens und wird doch von Touristen nur selten besucht – die Peterskirche, die sich auf dem kleinen Platz gleichen Namens in Sichtweite des »Grabens« erhebt. Sie entstand auf Initiative von Kaiser Leopold I., und zwar, glaubt man der Überlieferung, genau dort, wo schon ein spätrömisches und anschließend ein von Karl dem Großen 792 gegründetes Gotteshaus standen. Bei der Errichtung des heutigen, 1703 begonnenen Baus folgte man zunächst Plänen von Gabriele Montani. Fertiggestellt wurde der über ovalem Grundriss errichtete Zentralkuppelbau jedoch drei Jahrzehnte später von Johann Lukas von Hildebrandt, dem Schöpfer von Schloss Belvedere. In seiner Krypta findet alljährlich zur Vorweihnachtszeit eine populäre Krippenausstellung statt.

Man betritt die Kirche durch ein prächtiges Barockportal von Andreas Altomonte. Triumphaler Überschwang prägt das Innere: Die Chorkuppel hat Antonio Galli-Bibiena mittels perfekter Scheinarchitektur erhöht. Dieser zu Füßen steht ein Hochaltar von Santino Bussi.

VOTIVKIRCHE

Erblickt man die Votivkirche zum ersten Mal, glaubt man beim flüchtigen Hinsehen, vor einer gotischen Kathedrale aus dem Frankreich des 13. Jahrhunderts zu stehen. Doch bei näherer Betrachtung entpuppt sich das Bauwerk als jüngere Nachahmung: Nachdem Kaiser Franz Joseph im Februar 1853 ein Attentat überlebt hatte, rief Erzherzog Maximilian, sein Bruder und späterer Kaiser von Mexiko, zum Bau einer Dank- und Sühnekirche auf. Wenig später wurde am Nordende des ehemaligen Paradeplatzes der Grundstein gelegt. Den Auftrag für diesen einzigen Sakralbau an der Ringstraße hatte der erst 27-jährige Heinrich Ferstel erhalten. Binnen eines Vierteljahrhunderts – die Weihe fand im April 1879 statt – entstand eines der Hauptwerke des Historismus: eine dreischiffige Basilika mit 99 Meter hohen Doppeltürmen und einer mit Plastiken und Fensterrose geschmückten Fassade.

Hauptattraktionen im Innern sind das mehr als 400 Jahre alte Hochgrab des Grafen Niklas Salm, des Kommandanten der Wiener Truppen während der ersten Türkenbelagerung, und der Antwerpener Altar, ein Hauptwerk flämischer Schnitzkunst des 15. Jahrhunderts.

MICHAELERKIRCHE

Die nordöstlich schräg gegenüber der Hofburg stehende Michaelerkirche, deren Turm wie ein ausgestreckter Finger himmelwärts weist, vereint von der Romanik bis zum Klassizismus vielfältige Stilelemente. Sie wurde, darüber sind sich Chronisten uneins, vom Kreuzfahrerherzog Leopold VI. oder vom Böhmenkönig Ottokar Premysl gestiftet und diente dem habsburgischen Herrscherhaus lange Zeit als Hofpfarrkirche. Große Teile der dreischiffigen Pfeilerbasilika stammen aus dem 13. Jahrhundert. Seinen letzten großen Umbau erlebte das ursprüngliche spätromanische Gotteshaus, in dem kurz nach Mozarts Tod dessen Requiem in Teilen uraufgeführt wurde, Ende des 18. Jahrhunderts. In seinen Katakomben wurden im 17./18. Jahrhundert rund 4000 Menschen bestattet, darunter namhafte Adlige, wovon viele Särge und über die Boden- und Wandflächen verstreute Gebeine zeugen.

Der ganz in den Chorraum mit den gotischen Fenstern integrierte Hochaltar mit dem Gnadenbild der Maria Candia und plastischen Engelsturzszenen ist noch dem spätbarocken Formenvokabular verpflichtet, weist aber in Details schon frühklassizistische Elemente auf.

JESUITENKIRCHE

An der Nordseite des überaus fotogenen Dr.-Ignaz-Seipel-Platzes erhebt sich, eingerahmt von den Fassaden der Alten Universität und der Akademie der Wissenschaften, die ehemalige Universitäts- alias Jesuitenkirche. Der ursprünglich frühbarocke Bau wurde von Kaiser Ferdinand II. gestiftet, als dieser dem Orden die exklusive Erlaubnis gab, an der benachbarten Hochschule Philosophie und Theologie zu lehren, und 1624 bis 1631 nach Plänen eines unbekannten Baumeisters errichtet. Hinter der doppeltürmigen, überwiegend horizontal gegliederten Fassade erwartet den Besucher ein durch und durch hochbarockes Ambiente: reichlich Stuckmarmor, eine zweigeschossige Orgel, ein pompöser und opulenter Hochaltar und vor jeder der acht ebenfalls üppig dekorierten Seitenkapellen eine Empore, getragen von mächtigen, teils geraden, teils geschraubten Säulen.

Im Zuge der hochbarocken Umgestaltung versah Andrea Pozzo kurz nach 1700 das Tonnengewölbe mit illusionistischer Malerei. Besonders raffiniert gelang ihm dabei die monumentale Scheinkuppel. Vom passenden Standpunkt aus wirkt der perspektivische Trick täuschend echt.

Die Karlskirche ist die bedeutendste Barockkirche in Wien. Kaiser Karl VI. gab sie nach einer Pestepidemie in Auftrag, ab 1716 wurde sie nach Plänen des Baumeisters Fischer von Erlach errichtet und 1739 durch dessen Sohn 1739 vollendet. Fischer von Erlach zitierte in seinem Buch zur »Historischen Architektur« verschiedene Architekturelemente, die sowohl die kirchliche als auch die kaiserliche Macht symbolisieren sollten. Die auf Fernwirkung zur Hofburg hin orientierte Westfassade vereint einen griechischen Tempelportikus, flankiert von zwei Triumphsäulen nach dem Vorbild der Trajanssäule in Rom, und zwei Turmpavillons im römischen Barockstil. Ein besonderer Akzent wird durch die hohe Mittelkuppel über einem ellipsoiden Grundriss gesetzt. Ein optischer Höhepunkt ist das Kuppelfresko von Michael Rottmayr, das die Fürbitte des Pestheiligen Karl Borromäus zeigt.

Ein wenig orientalisch mutet die Karlskirche mit dem zentralen Kuppelbau und den minarett-artigen Triumphsäulen auf den ersten Blick an (großes Bild). Im Innern des barocken Baus, über dem Hochaltar, schwebt der heilige Karl Borromäus der Apotheose entgegen (ganz links, unten rechts). Die Figurengruppen der Kuppelfresken von Michael Rottmayr verkörpern die Grundtugenden Glaube, Liebe, Hoffnung (links).

Architekturinteressierte finden im Westen Wiens abseits der üblichen Besucherpfade etliche Trouvaillen von Weltruf: in Hietzing etwa mehrere Villen von Adolf Loos, in Ober St. Veit die Werkbundsiedlung, für die 1930 neben Loos auch Josef Hoffmann, Richard Neutra, Oswald Haertl und Gerrit Rietveld Musterhäuser entwarfen, und jenseits des Wienflusses in Penzing eine Nobelvilla von Otto Wagner. Dem Genius Wagners ist auch das sakrale Hauptwerk des Jugendstils zu verdanken, das mit seiner von zwei Türmen flankierten, patinierten Kuppel und der mit weißem Marmor verkleideten Fassade von der Baumgartner Höhe, einem Abhang des Wienerwalds, weithin ins Land grüßt. Die 1904 bis 1907 erbaute, dem heiligen Leopold geweihte Kirche steht auf dem Gelände einer Nervenheilanstalt, deren gesamte Anlage mit ihren 61 Pavillons ebenfalls auf Plänen Wagners gründet.

Die Kirche am Steinhof ist ein Gesamtkunstwerk. Otto Wagner schuf nicht nur den würfelförmigen, lichtdurchfluteten Baukörper, sondern auch zahlreiche Details der Innenausstattung (links). Der Hochaltar stammt von Remigius Geyling, der mit Leopold Forstner auch das Mosaikbild des heiligen Leopold schuf (ganz links). Großes Bild: die imposanten Glasmosaiken nach Entwürfen Koloman Mosers.

Als Höhepunkt barocker Architektur und als ein Inbegriff klösterlicher Prachtentfaltung nach den Notzeiten der Reformation, der Bauern-, Böhmen- und Türkenkriege gilt das Benediktinerstift Melk, das am Westeingang zur Wachau so unvergleichlich majestätisch über die Donau wacht. Seine herausragende Stellung verdankt das Stift freilich nicht nur dem imposanten Äußeren (die Südfassade misst 362 Meter), sondern ebenso sehr seiner über 900-jährigen Geschichte. Zur Zeit seiner Gründung im Jahr 1089 wurde es zum Ausgangspunkt für die Erschließung der donauabwärts gelegenen Länder, im Spätmittelalter verfassten führende Denker hier wegweisende theologische und wissenschaftliche Werke. Heutige Besucher bestaunen vor allem die prachtvoll ausgestatteten Stiftsgebäude wie den Marmorsaal und das Kaiserzimmer oder die Bibliothek und die Stiftskirche.

Prachtvolle Räume demonstrieren das Herrschaftsverständnis der geistlichen Herren von Melk. In der Bibliothek werden seit dem 12. Jahrhundert Handschriften gesammelt und angefertigt, sie ziert ebenso wie den Marmorsaal ein monumentales Deckengemälde (Bildleiste 1. und 2. Bild von oben). Darunter: Treppenhaus und Marmorsaal. Höhepunkt des Klosters (links) ist die reich ausgestattete Stiftskirche (großes Bild).

Für die künstlerische Innengestaltung konnten bedeutende Meister ihres Fachs gewonnen werden. Johann Michael Rottmayr zeichnete für die Ausführung der Fresken sowie der Altarbilder verantwortlich und Antonio Beduzzi für die Innenarchitektur und die Skizzen der Fresken.

KLOSTERNEUBURG

Der oft als »österreichischer Escorial« bezeichnete Kolossalbau des weltberühmten Augustiner-Chorherrenstifts wurde Anfang des 12. Jahrhunderts von dem babenbergischen Markgrafen Leopold III., dem Nationalheiligen des Landes, gegründet und wenig später dem katholischen Orden übergeben. Das Stift war jahrhundertelang ein Zentrum der Wissenschaft. 1730 wurde unter Karl VI. der barocke Ausbau vorgenommen. Der heutige Barocktrakt umfasst nur ein Viertel des ursprünglichen Bauvorhabens. Doch der um 1840 von dem klassizistischen Architekten Josef Kornhäusel »fertiggestellte« Torso beeindruckt allemal. Sehenswert sind darin vor allem die prunkvollen Kaiserzimmer, die Kaiserstiege und der Marmorsaal. Außerdem verfügt das Stift über die mit 160 000 Bänden größte Stiftsbibliothek Niederösterreichs, ein sehenswertes Stiftsmuseum und eine Schatzkammer.

Barocker Überschwang bestimmt das Erscheinungsbild des über der Donau thronenden Stifts. Links: die Fassade seines Residenztrakts. Die zwischen 1630 und 1730 errichtete Stiftskirche fasziniert mit reich verzierten Gewölben (unten rechts), Pfeilern, Pilastern, Seitenaltären und einem mit viel Marmor gearbeiteten Hochaltar von Sebastian Stumpfegger, dessen Altarbild von Johann Georg Schmidt stammt (großes Bild).

Vis-à-vis der tausendjährigen Handelsstadt Krems, über dem Südufer der Donau, thront auf einer Waldkuppe das Stift Göttweig. »Österreichs Montecassino«, wie diese sakrale Burg bisweilen genannt wird, wurde 1083 gegründet, 1094 den Benediktinern übergeben und in seiner heutigen, barock ausladenden Gestalt Anfang des 18. Jahrhunderts nach Plänen Johann Lukas von Hildebrandts neu erbaut. Dem berühmten Architekten, der auch Prinz Eugens Schloss Belvedere in Wien schuf, verdankt die Nachwelt unter anderem das grandiose Stiegenhaus, die reich geschmückten Kaiser- und Fürstenzimmer sowie die Bibliothek mit Handschriften aus dem 9. bis 18. Jahrhundert. In einigen Räumen des Kaisertrakts werden, jährlich wechselnd, Teile der stiftseigenen Kunstsammlung ausgestellt. Herrlich ist der Blick vom Stift weit über das Donautal der Wachau.

Hinter den homogen gestalteten Fassaden des »Vierkanter Gottes« (links) sind die Räume und Gemächer üppig ausgestattet. Den geistigen und künstlerischen Mittelpunkt des Komplexes bildet die Stiftskirche (großes Bild). Die Kaisertreppe wird von einem Deckenfresko von Paul Troger aus dem Jahr 1739 überspannt (unten rechts). Darunter: Prunkvolle Fürsten- und Kaiserzimmer harren der Besichtigung.

WILHERING

Vor den Toren von Linz, am Fuße des Kürnberger Walds, liegt das Zisterzienserstift Wilhering. Seine Geschichte wurzelt im 12. Jahrhundert, als die örtlichen Burgherren den Mönchen des steirischen Klosters Rein hier Grund und Feste überließen. 1254 waren die Gebäude fertig gebaut. Doch um 1620 ersetzte man große Teile der mittelalterlichen Anlage durch eine barocke, die allerdings drei Generationen später ein Raub der Flammen wurde. Der baufreudigen Zeit entsprechend, wurde im Nu ein großzügiges Neubauprojekt entworfen, von dem allerdings – unter Leitung des Linzer Baumeisters Johann Haslinger und des kaiserlichen Theaterarchitekten Andreas Altomonte – nur die Stiftskirche verwirklicht wurde. Jene Flügel, in denen heute das von den Mönchen betriebene Gymnasium und das Internat untergebracht sind, stammen aus der Zeit nach dem Zweiten Weltkrieg.

Die Kirche (oben links) fasziniert durch ihr Zusammenspiel von Architektur, Malerei, Stuck und Skulptur und markiert einen Höhepunkt der Sakralkunst im Rokokostil. Blickfänge sind die Fresken (ganz rechts) Bartolomeo Altomontes und die von dessen Vater Martino gemalten Altarblätter (oben, großes Bild).

KEFERMARKT

Wer Kefermarkt sagt, meint den berühmten Flügelaltar. Gewiss, die dreischiffige Wallfahrtskirche, die Christoph von Zelking, Herr des nahen Schloss Weinberg, 1470 bis 1476 dem heiligen Wolfgang bauen ließ, ist eine beachtliche Schöpfung der Spätgotik. Der Wappengrabstein des Stifters, die barocken Seitenaltäre, das Orgelgehäuse – allesamt Ausstattungsstücke, die einem Gotteshaus im bäuerlichen Mühlviertel allein zu großer Ehre gereichten. Doch sie verblassen angesichts des 13,5 Meter hohen und sechs Meter breiten Altars, den ein heute unbekannter Meister vor über 500 Jahren aus Lindenholz schnitzte. Im Barock wurden einzelne Teile entfernt, spätere andere verändert. Im 19. Jahrhundert rettete man das Wunderwerk mit Mühe und Not vor dem Holzwurm. Heute lockt es mehr denn je Freunde mittelalterlicher Kunst in die kleine, südlich von Freistadt gelegene Gemeinde.

Die beiden Flügel des Altars (rechts) mit den vier Szenen aus dem Marienleben, das höchst filigrane Gesprenge und die vielen Putti zeugen von der Kunstfertigkeit ihrer Schöpfer. Glanzstücke sind die drei überlebensgroßen Hauptfiguren – die Heiligen Petrus, Wolfgang und Christophorus (ganz rechts). Unten: Außenansicht der Kirche.

STIFT

ST. WOLFGANG

Der Linzer »Dom zur Unbefleckten Empfängnis Mariens«, im Unterschied zum »Alten« auf dem Hauptplatz auch »Neuer« Dom genannt, wirkt wie ein typischer Bau der französischen Kathedralgotik. Bei genauerem Hinsehen wird klar, dass es sich um eine neugotische Schöpfung handelt. Der Startschuss für den vom Kölner Diözesanbaumeister Vinzenz Statz geleiteten Bau fiel 1862. Sieben Jahre später wurde die Votivkapelle geweiht, in der daraufhin Anton Bruckners Messe in e-Moll ihre Uraufführung erlebte. Ganze 16 Jahre vergingen, bis der Chor mit dem Kapellenkranz vollendet werden konnte. Was beeindruckt, sind die gewaltigen Ausmaße: Die Grundfläche des Mariendoms übertrifft sogar die des Wiener Stephansdoms. Der Turm freilich hatte, der damaligen Rangordnung folgend, ist mit 134,80 Metern um gut zwei Meter niedriger als der in der Residenzstadt zu bleiben.

Ein Spezifikum der 130 Meter langen Basilika, die insgesamt 20 000 Gläubigen Platz bietet und als Österreichs größte Kirche gilt, sind ihre Glasfenster (links). Jene im Chor aus dem Jahr 1884 zeigen Szenen aus dem Leben Mariens. Die farbenfrohen, riesigen Glasfenster in Quer- und Langhaus fallen jedem Besucher sofort ins Auge (großes Bild). Links unten: Blick in den Altarraum der Kirche.

LINZ

Linz findet sich urkundlich Anfang des 10. Jahrhundert als Markt genannt und erlebte als wichtige Mautstation an der Donau schon früh wirtschaftliche Blüten. Einen eigenen Bischof erhielt das Land ob der Enns, erst unter der josephinischen Kirchenreform 1785. Damals erkor man die bisherige Jesuitenkirche zum Dom, den man mit Innenausstattungen soeben säkularisierter Sakralbauten schmückte. Errichtet wurde der Bau von 1699 bis 1708. Pietro Francesco Carlone hielt sich an das für Kirchen der Societas Jesu charakteristische Schema mit drei längsgerichteten Kapellen im Langhaus. Beim Gestalten des Fassadenbereichs hatte er Kompromisse einzugehen: Denn ein prächtiges Portal hätte inmitten der Altstadthäuser wenig Wirkung gezeigt. Umso üppiger fiel die Gestaltung der Doppeltürme und des Mittelgiebel aus.

Die Innenausstattung ist im Stil des austro-italienischen Barock gehalten. Der Hochaltar an der Ostwand ist ein Relikt der Originalausstattung. Das von Antonio Bellucci gemalte Bild des Hauptaltars stammt aus einer Wiener Kirche, das Chorgestühl aus Stift Garsten und die Krismann-Orgel kommen aus Stift Engelszell.

LINZ

Linz hat den Charakter einer Barockstadt. Nahezu sämtliche ältere Kirchen und Klosterbauten wurden vor und nach 1700 diesem Baustil angepasst. Die Ursulinenkirche ist hier keine Ausnahme. Als typische Zeugnisse einer von autoritärer Hofkultur geprägten Architekturauffassung überragen ihre beiden, von mächtigen Helmen bekrönten Türme mitsamt der kolossalen, durch Dreiviertelsäulen und Pfeiler gegliederten Fassade die alte Land straße. Errichtet wurde der Bau nach Plänen des einheimischen Baumeisters Johann Haslinger, 1757 wurde die Kirche dem Erzengel Michael geweiht. Bis in die späten 1960er-Jahre diente sie den Ursulinen als Ordenskirche. Dann übernahm das Land Oberösterreich deren angrenzendes Kloster und machte es zum Landeskulturzentrum. Heute dient das Gotteshaus als Kunst- und Konzertkirche.

Das Innere der Ursulinenkirche erstrahlt seit seiner Restaurierung 1985 in festlichem Weiß. Blickfang ist der von Johann Matthias Krinner entworfene Hochaltar mit dem Gemälde des Kirchenpatrons von Martino Altomonte. Auch von dessen Sohn Bartolomeo schmücken gleich mehrere Altarbilder den Innenraum.

ST. IGNATIUS

URSULINENKIRCHE

Inmitten von Obstwiesen und fruchtbarem Ackerland liegt, gut 15 Kilometer südöstlich der Landeshauptstadt Linz, das größte und bekannteste Barockkloster Oberösterreichs. Im Jahr 304 soll hier ein Märtyrer namens Florian, der spätere Schutzpatron gegen Feuergefahren, seine letzte Ruhe gefunden haben. Über seiner Grabstätte entstand um 800 ein erstes Kloster, das bereits 1071 von den Augustiner-Chorherren übernommen und zu einem Geisteszentrum ersten Rangs entwickelt wurde. Für den Bau der heutigen Anlage bündelten zwischen 1686 und 1750 nacheinander drei der renommiertesten Barockbaumeister ihre Kreativkräfte: Carlo Antonio Carlone, Jakob Prandtauer und Johann Gotthard Hayberger hinterließen eine prachtvolle, um drei Innenhöfe gruppierte Anlage, die als Wirkungs- und Begräbnisstätte Anton Bruckners auch Musikliebhaber begeistert.

C. A. Carlone hatte, als er 1708 starb, die Stiftskirche (links, unten rechts) fertiggestellt. Die Klostergebäude aber wurden von J. Prandtauer vollendet (ganz links). Von J. G. Hayberger stammt die Bibliothek. Die reich verzierten Portale, Treppenhäuser, Säle und Deckengewölbe sind eine Augenweide (großes Bild). Von höchstem Wert ist die stiftseigene Kunstsammlung, zu der Gemälde der Donauschule gehören.

KREMSMÜNSTER

Das rund 40 Kilomenter südlich von Linz malerisch in das hügelige Alpenvorland gebettete Benediktinerstift Kremsmünster ist eines der ältesten Kulturzentren des bayerisch-österreichischen Raumes. Gegründet wurde es 777 vom bayerischen Herzog Tassilo III. angeblich zum Gedenken an seinen hier bei der Jagd verunglückten Sohn. In Wahrheit dürfte die mit Mönchen aus dem Kloster Mondsee besiedelte Anlage wohl als Vorposten der Christenheit im Grenzland gegen die Awaren fungiert haben. Das Stift, dessen 290 Meter langer Südflügel auf einer Terrasse 50 Meter über dem Kremstal thront, ist ein um sechs Höfe gruppiertes, über Jahrhunderte gewachsenes Baudenkmal und wordvon ausgedehnten Gärten eingefasst. Wo die Klosterzone in den profanen Bereich übergeht, steht der Fischkalter, ein barockes Baujuwel mit fünf von Säulengängen umrahmten Wasserbecken.

Die Barockisierung der bald 800 Jahre alten Stiftskirche und der Neubau der Klostergebäude (links) wurde 1613 von Carlo Antonio Carlone begonnen und 1731 von Jakob Prandtauer abgeschlossen. Carlone schuf auch den Kaisersaal, das Refektorium und die freskierte Bibliothek (großes Bild). Die Gewölbefelder an der Kirchendecke sind von den Gebrüdern Ginzenberger aus Krems gemalt (unten links).

VOLDERS

In der kleinen Gemeinde Volders bei Innsbruck steht eine Kirche, die in ihrer Gestaltung wie auch Entstehungsgeschichte wohl zu den eigenwilligsten Schöpfungen des europäischen Frühbarock zählt: Ihr Finanzier und Architekt war ein Arzt und autodidaktisch gebildeter Universalgelehrter namens Hippolyt Guarinoni, der sich mit diesem ebenso dilettantischen wie fantasievollen, zweifellos aber sehr originell geformten Werk einen Lebenstraum erfüllte. Dem Pestheiligen Karl Borromäus geweiht, erhebt sich die Kirche über einem unorthodoxen, aus einschiffigem Langhaus, dreikonchigem Zentralbau und ebenfalls kleeblattförmigem Turm zusammengefügten Grundriss. In ihren Proportionen ist sie, der ein schlichtes, bis zum heutigen Tag von den Serviten betreutes Kloster angeschlossen wurde, auf die Dreizahl, das Sinnbild der göttlichen Dreifaltigkeit, bezogen.

Die Kombination des Turmes mit einer hohen und drei niedrigen Kuppeln verleiht der Karlskirche eine ungewöhnliche Silhouette (unten links). Innen wurde der Bau 1765/66 im Rokokostil umgestaltet. Seine Stuckaturen stammen von Georg Gigl, die Deckenfresken und das Hochaltarbild von Martin Knofler (rechts, unten).

PÜRGG-TRAUTENFELS

Die Ortschaft Pürgg, gerne auch »Kripperl der Steiermark« genannt, liegt 150 Meter über dem Talboden der Enns, auf einem schmalen Felsplateau und besitzt gleich zwei Kunstdenkmäler von hohem Rang. Da ist zum einen die romanische, innen gotisch ausgestaltete Pfarrkirche zum Heiligen Georg. Kostbarer ist jedoch die Johanneskapelle, die etwas außerhalb des malerischen Orts steht. In diesem winzigen schindelverkleideten Bau, den vermutlich Markgraf Ottokar III. und Abt Gottfried I. von Admont in Auftrag gaben, hat sich der älteste und geschlossenste Zyklus romanischer Malerei im Alpenraum erhalten. Er stammt aus dem späten 12. Jahrhundert, also der Zeit des von Kaiser Friedrich I. Barbarossa angeführten dritten Kreuzzuges. Berühmteste Ansicht der ungemein detailreichen Szenen ist der mit naivem Charme dargestellte »Kampf der Katzen gegen die Mäuse«.

Die romanischen Fresken der Johanneskapelle zählen zu den großen Kunstschätzen der Obersteiermark und sind ausgezeichnet erhalten. Sie bedecken alle Wände sowohl des Saalraums als auch des quadratischen Chores (rechts). Unten: Außenansicht des auch »Kripperl der Steiermark« genannten Kirchleins.

KARLSKIRCHE

JOHANNESKAPELLE

Am Eingang zum Gesäuse, einer schluchtartigen Engführung des Flusses Enns in der nordwestlichen Steiermark, thront das Benediktinerstift Admont. Ein Großteil dieser bereits 1074 gegründeten, von Mönchen aus St. Peter in Salzburg besiedelten und dank Salzgewinnung und Erzabbau zu immensem Reichtum gelangten Abtei fiel 1865 einem Brand zum Opfer. Beinahe sämtliche Trakte und die Stiftskirche sind Neubauten aus den Jahren danach. Verschont blieb wie durch ein Wunder die barocke Bibliothek mit ihren rund 200 000 Büchern, 1400 Handschriften und an die 1000 Inkunabeln. Öffnet man die Tür zu ihrem lichtdurchfluteten Prunksaal versteht man, warum er nach seiner Vollendung 1776 »das achte Weltwunder« genannt wurde: In den weiß-goldenen Regalschränken stehen 70 000 Bände dicht gereiht. Es handelt sich um den größten klösterlichen Büchersaal der Welt.

Mit der Admonter Bibliothek schuf der Architekt Johann Gotthard Hayberger einen Raum von vollendeten Proportionen (Bilder unten). 72 Meter lang und von sieben Kuppeln überwölbt verströmt er dank der illusionistischen Malerei Johann Georg Dallingers und der Deckenfresken Martino Altomontes eine ungemeine Leichtigkeit. Die dem heiligen Blasius geweihte Stiftskirche ist ein neogotischer Bau (Bilder links).

GRAZ

BASILIKA MARIATROST

Nordöstlich der Grazer Altstadt grüßt von einer grünen Anhöhe, dem Purberg, in freundlichen Gelb-weiß-Tönen die Wallfahrtskirche Mariatrost weit ins Land. Ihre Türme umrahmen einen Mittelteil mit geschwungenem Giebel, an den die niedrigeren Flügel der zugehörigen Klostergebäude anschließen. Das Gebäudeensemble, eine der zentralen Pilgerstätten der Steiermark, entstand in der ersten Hälfte des 18. Jahrhunderts, als die Verehrung der Gnadenmutter, einer spätgotischen, heute in den Hochaltar integrierten Madonna, die Erweiterung einer ursprünglichen, kleinen Kapelle notwendig machte. Für den Bau verantwortlich zeichnete Andreas Stengg, dessen Sohn Johann Georg übernahm dann die Betreuung. Der Rohbau war 1724, die Ausmalung des Innern, des breiten Hauptschiffs samt Querhaus und Vierungskuppel, jedoch erst 30 Jahre später vollendet.

Die Freskierung der Basilika (rechts) besorgten in rund 20-jähriger Arbeit Lukas von Schramm und Johann Baptist Scheidt. Ihre Bilder verherrlichen allegorisch den Sieg der Kirche, feiern aber auch den Triumph des habsburgischen Österreich über die Türken (ganz rechts).

GRAZ

DOM

Der dem heiligen Ägydius geweihte Grazer Dom wurde Mitte des 15. Jahrhunderts auf Geheiß Kaiser Friedrich III. nach Plänen des Schwaben Hans Niesenberger errichtet. Zunächst Stadtpfarrkirche, wurde sie 1577 den Jesuiten überantwortet und nach der Auflösung des Ordens zwei Jahrhunderte später zum Dom der Bischöfe des Bistums von Seckau aufgewertet. Sein Äußeres ist bemerkenswert schlicht. Statt mit einem Turm ist er bloß mit einem Dachreiter versehen, der, wie Kapelle und Sakristei, zur Zeit des Barock hinzugefügt wurde. Reizvoll ist im Innern der Kontrast zwischen dem relativ breit wirkenden Hauptschiff und dem hoch aufragenden, tiefen, jedoch schmalen Chor. In Kombination mit der Lichtführung, die den Chor heller als das Langhaus erscheinen lässt, entsteht der Eindruck eines zu einer Art Himmelstor führenden Raumgefüges.

Den monumentalen Hochaltar (rechts und ganz rechts), dessen Gemälde das »Wunder« des Kirchenpatron zeigt, schuf der Jesuitenpater Georg Kraxner. Wie alle Bauten Friedrichs III. trägt auch der Dom das Wappen des Kaisers und sein Motto »Aeiou« (Austria erit in orbe ultima).

KLAGENFURT — DOM

Die Klagenfurter Domkirche wurde 1580 von den Landständen als protestantisches Gotteshaus in Auftrag gegeben und 1591 zu Ehren der Dreifaltigkeit geweiht. Schon ein gutes Jahrzehnt später, kurz nach Ausbruch der Gegenreformation, wurde sie von den Jesuiten übernommen und dem Patrozinium der Heiligen Peter und Paul unterstellt. In der Folge brannte sie binnen 90 Jahren gleich zweimal aus. Weshalb die Ausstattung ihres in festlichen Blau- und Goldtönen schimmernden Innern, der zarte Stuckdekor, die prächtigen Decken- und Wandmalereien und das Mobiliar, fast zur Gänze aus den ersten Jahrzehnten des 18. Jahrhunderts stammen. Mittlerweile schränken die modernen Häuser der Umgebung ein wenig die ursprüngliche Wirkung dieser frühesten Wandpfeilerkirche Österreichs ein. Dennoch beeindrucken ihre stattlichen Dimensionen jeden Betrachter.

Die Innenausstattung des Doms der Kärntner Landeshauptstadt ist eine hochbarocke Augenweide. Hervorhebenswert sind der imposante Hochaltar mit zwei Meistergemälden von Daniel Gran, die geschmückte Kanzel, vis-à-vis die geschnitzte Nepomuk-Apotheose sowie die Seitenkapellen. Deren Altäre zieren ein vom Südtiroler Paul Troger verewigter Ignatius von Loyola und Bilder Joseph Ferdinand Fromillers.

KLAGENFURT — ST. EGYD

Einen buchstäblichen Höhepunkt des Stadtbilds von Klagenfurt markiert die Hauptpfarrkirche St. Egyd. Ihr Turm, ein Wahrzeichen der Altstadt, ist mit 97 Metern der höchste in Kärnten. Den Grundstein für die tonnengewölbte Wandpfeilerkirche legte Graf Orsini-Rosenberg 1692 an der Stelle einer zuvor demolierten gotischen Vorgängerin. Im Innern präsentiert sich der Bau, analog zum Zwiebelhelm des Turms, ganz in schwelgerischem Barock. Stilistische Kontrapunkte setzen der klassizistische Hochaltar, die mit einer Bronzeplastik von Jos Pirkner versehene Kapelle, in der 1998 der amerikanisch-französische Romancier Julien Green seine letzte Ruhe fand, und die ehemalige Südsakristei, deren Wände der Wiener »Fantastische Realist« Ernst Fuchs seit 1990 sukzessive mit einem grandiosen Freskenzyklus zum Thema der Apokalypse versieht.

In St. Egyd feiert sich das Barock: von den Emporen über die Kanzel und die vier Seitenaltäre bis zu den prächtigen Deckenfresken, die von Joseph Mölk (im Langhaus) und dem in Kärntens Kirchen allgegenwärtigen Joseph Ferdinand Fromiller (im Chor) stammen. Lohnend anzuschauen sind die zahlreichen Grabmäler vom 16. bis zum 19. Jahrhundert in der Kirche und entlang ihrer Außenmauern.

Der Salzburger Dom, vor dessen gradioser Fassade seit 1920 allsommerlich von Hofmannsthals »Jedermann« zur Aufführung kommt, ist die älteste Bischofskirche im heutigen Österreich. Die Wurzeln seiner Baugeschichte reichen tief ins frühe Mittelalter zurück und finden sich im Domgrabungsmuseum dokumentiert. Dort, unter der Chorkrypta, förderten Archäologen Reste sowohl einer ersten dreischiffigen Basilika als auch des 1181 nach einer Brandkatastrophe von Konrad III. veranlassten fünfschiffigen Baus zutage. Der heutige Dom entstand 1614 bis 1628 nach Plänen das damaligen Hofbaumeisters Santino Solari. Der ließ sich von italienischen Gotteshäusern inspirieren und gestaltete die Vorderfront als barocke Schaufassade aus hellem Untersberger Marmor mit zwei viergeschossigen, 79 Meter hohen Türmen und reichem Figurenschmuck auf Balustrade und Giebel.

Von einer gewaltigen Vierungskuppel (großes Bild) wird der Innenraum des Doms (unten links) bekrönt. Die herrlichen Kuppelfresken von Donato Mascagni und Ignazio Solari stellen biblische Szenen dar. Eine Besonderheit ist das 1321 von einem Meister Heinrich gefertigte Taufbecken (links). Ganz links: Winterliche Impression von Salzburg mit doppeltürmigem Dom, Kollegienkirche und Festung Hohensalzberg.

SALZBURG

Die Benediktiner-Erzabtei von St. Peter ist das älteste noch bestehende Kloster im deutschen Sprachraum. Sie wurde um das Jahr 696 vom heiligen Rupert gegründet und fungiert seit damals als geistige und kulturelle Keimzelle der Stadt. Anfänglich war sie Ausgangspunkt für die gen Osten wirksame Slawenmission. Herzstück des zu Füßen des Mönchsbergs gelegenen Klosterbezirks, dessen Äbte stets auch (Erz-)Bischöfe von Salzburg waren, ist die Stiftskirche. Zwischen 1125 und 1147 erbaut, ist sie die einzige erhaltene hochromanische Basilika der Stadt und wurde im Barock mit Kuppel und Turmhelm versehen. Zugänglich für Besucher sind der malerische Friedhof mit seinen frühchristlichen Höhlenkapellen und der Äußere Stiftshof, wo Salzburgs älteste Gaststätte, der schon zu Beginn des 9. Jahrhunderts urkundlich erwähnte Stiftskeller St. Peter, zur Einkehr lädt.

In der mit Tympanon (rechts), Stuck, Gemälden und Epitaphien reichlich ausstaffierten Stiftskirche St. Peter (Mitte) verdienen die über zwei Dutzend Altarbilder des Martin Johann Schmidt, genannt Kremser Schmidt, und seiner Helfer besondere Beachtung (ganz rechts).

SALZBURG

FRANZISKANERKIRCHE

Die westlich an den Domplatz grenzende Franziskanerkirche ist »Unserer Lieben Frau« geweiht und eines der stilgeschichtlich interessantesten Gebäude der Altstadt. Ihre Chronik verzeichnet einen Vorgängerbau aus dem 8. Jahrhundert und dessen Zerstörung im Jahr 1167, als Kaiser Friedrich I. Barbarossa die Stadt in Flammen aufgehen ließ. Das heutige Langhaus, das man von der Sigmund-Haffner-Gasse her durch das Westportal betritt, ist ein Überbleibsel des spätromanischen Folgebaus, der bereits 1223 neu geweiht wurde. Es steht in seiner mystisch anmutenden Düsterheit im reizvollen Kontrast zu dem lichtdurchfluteten, gotischen Hallenchor, der erst rund 240 Jahre später vollendet wurde – gut eine Generation vor dem gotischen Kirchturm, der die Silhouette der Altstadt bis heute maßgeblich prägt. Der reich stuckierte Kapellenkranz wurde im Frühbarock hinzugeführt.

Der Hallenchor besticht durch seine fünf schlanken Rundpfeiler und das Sternrippengewölbe (rechts). Ein Werk des Hochbarock ist der 1709 nach Plänen J. B. Fischer von Erlachs errichtete Hochaltar, in dessen Mitte sich die spätgotische Marienfigur befindet (ganz rechts).

KOLLEGIENKIRCHE

An der Südseite des Universitätsplatzes, genau vis-à-vis vom Geburtshaus Mozarts, ragt strahlend weiß die Kollegienkirche himmelwärts. Die ungewöhnliche Fassade dieses Meisterwerks Johann Bernhard Fischer von Erlachs erwies sich mit ihrem stark gebauchten Mittelteil, dessen diademartiger Bekrönung und den zwei seltsam gekappten Seitentürmen als stilbildend für die barocke Sakralarchitektur im gesamten süddeutschen Raum. Zum prächtigen Erscheinungsbild trägt der üppige Figurenschmuck der Marmorbalustraden bei – die Evangelisten, die Kirchenväter und, zuoberst, Maria Immaculata. Zu Füßen der zwischen 1694 und 1707 erbauten Kirche, in der Hugo von Hofmannsthal 1922 sein von Calderón inspiriertes und von Max Reinhardt inszeniertes »Salzburger Großes Welttheater« uraufführte, halten die Landwirte der Umgebung den Grünmarkt ab.

Johann Michael Rottmayr hat in der Kollegienkirche zwar nicht seine ursprünglich geplanten Gewölbe- und Kuppelfresken ausgeführt, dafür aber die den Heiligen Karl Borromäus (links: mit Statue des heiligen Rupert) und Benedikt geweihten Altarbilder in den Querarmen.

Die Stadtchronik weist an der Stelle des Doms schon im 12. Jahrhundert einen gotischen Vorgängerbau aus, der in der Folge stetig erweitert, 1717 jedoch, nachdem ein Erdbeben ihn beschädigt hatte, abgerissen wurde. Bereits fünf Jahre später war die heutige Kirche, ein Werk Johann Jakob Herkomers, das die alten Langhausmauern noch einbezieht, vollendet. Als man die Stadt am Inn 1964 zum Bischofssitz erklärte, avancierte der bis dahin im Rang einer Stadtpfarrkirche stehende, dem heiligen Jakob geweihte Bau, der gegen Kriegsende durch Bomben stark beschädigt, aber sehr rasch wiederhergestellt war, zur Kathedrale. Ihr einschiffiger Innenraum, ein Kreuzbau mit Querschiffapsiden und einer Hochkuppel über dem Chor, wirkt hingegen, da seine Seitenwände bloß durch marmorne Wandpfeiler, Altäre und Beichtstühle unterbrochen sind, sehr homogen.

Die Innenausstattung schufen die Brüder Asam. So zeichnet Egid Quirin für die Rokokostuckatur verantwortlich (unten links). Sein Bruder Cosmas Damian malte die Deckenfresken. Ein Schmuckstück ist der Hochaltar (unten Mitte) mit dem berühmten Gnadenbild von Lucas Cranach d. Ä. (links). Die Pfeifen der Orgel sind fächerförmig angeordnet (ganz links). Unten rechts: Christusstatue im Dom.

INNSBRUCK

Von außen wirkt sie mit ihrer Renaissancefassade unauffällig. Doch spektakulärer ist der Blick ins Innere der Hofkirche: Das Grabmal Maximilians I. mit den legendären »schwarzen Mandern« zählt zu den beeindruckendsten Kenotaphen im deutschen Sprachraum. Der auch »letzter Ritter« genannte Habsburgerkaiser hatte den Guss von 40 überlebensgroßen Bronzefiguren als eine Art unsterbliches Geleit für sein Grab geordert. Als er 1519 in Wels starb und in der Wiener Neustadt seine letzte Ruhe fand, war der metallene Trauerzug für den Transport zu schwer. Also ließ Ferdinand I., der Enkel des Toten, zwecks standesgemäßer Unterbringung des Kunstdenkmals die Hofkirche errichten. Dessen Sohn, Erzherzog Ferdinand II., befahl dann für sein Grabmal und das seiner Gattin Philippine Welser den Anbau der »Silbernen Kapelle«.

Überlebensgroße Statuen von Persönlichkeiten, die den Lebensweg Maximilians I. prägten, umstehen sein leeres Grabmal. Unter ihnen: sein Vater Friedrich III., die Ehefrauen mit Kindern, aber auch Herrscher aus Spanien und Burgund sowie Könige aus frühchristlicher Zeit (alle Bilder). Auch Andreas Hofer ist hier bestattet.

INNSBRUCK

Der Innsbrucker Ortsteil Wilten, das römische Veldidena, erstreckt sich zu Füßen des Bergisels und besitzt gleich zwei superbe Barockkirchen: die frühbarocke Stiftskirche St. Laurentius und die fast 100 Jahre jüngere, spätbarocke Basilika. Letztere, auch als Pfarr- und Wallfahrtskirche »Unserer Lieben Frau unter den vier Säulen« bekannt, entstand auf dem Fundament einer Vorgängerkirche aus dem 5. Jahrhundert nach Plänen von Franz de Paula Penz. Ihre in dynamischen Formen gestaltete Fassade erhebt sich, von zwei Türmen flankiert, auf einem Platz und wirkt dank der hellgelben Färbung beschwingt. Innen entfaltet sich in Gelb-, Gold- und Rosatönen ein harmonisch abgestimmtes Rokokoambiente. Dessen Zentrum bildet der Altar mit seinem von Rocaille-Architektur bekrönten, mehr als 600 Jahre alten Gnadenbild.

Das 1138 ins Leben gerufene Prämonstratenserstift Wilten blickt auf eine wechselvolle Geschichte zurück. Immer wieder wurde es durch Brände und zuletzt durch einen Bombenangriff (1944) zerstört. Seit 2008 erstrahlt die Basilika in neuem Glanz (rechts). Ganz rechts: Die Deckengemälde zeigen Szenen aus dem Leben Marias.

HOFKIRCHE

STIFT WILTEN

STAMS

Nahe dem Eingang ins Ötztal thront am Oberen Inn Stift Stams. Das Kloster wurde 1273 durch Meinhard II. Graf von Tirol und seine Frau Elisabeth von Bayern ins Leben gerufen und war damals auch als Grablege für die Tiroler Landesfürsten konzipiert. Die Gründermönche kamen aus dem schwäbischen Raum und schufen binnen kurzem eine stattliche Anlage, die fortan häufig umgebaut und erweitert wurde. Eine negative Zäsur brachte das 16. Jahrhundert mit Bauernkriegen, Bränden und Plünderungen. Ein erneuter Aufschwung um 1700 ermöglichte den großzügigen Neubau der Wohntrakte und in der Folge die umfassende Barockisierung, wobei der Innsbrucker Hofbaumeister Johann Martin Gumpp und später dessen Sohn die planerische Leitung innehatten. Heute beherbergt Stift Stams, das im Jahr 1945 von den Zisterziensern übernommen wurde, mehrere Schulen.

Vor schönem Bergpanorama liegt die Stamser Stiftskirche (links). Sie wurde 1284 gegründet und um 1730 von Georg Anton Gumpp umfassend barockisiert. Bereits drei Generationen früher schuf der Weilheimer Bildhauer Bartholomäus Steinle den imposanten Hochaltar (unten rechts). Die Gewölbemalereien stammen von dem Augsburger Johann Georg Wolcker und zeigen Szenen aus dem Leben Marias (unten).

SCHWEIZ

Mit schlichten Innenräumen zeugen Kirchen wie das Zürcher Grossmünster oder das Fraumünster vom hehren Ansinnen der Reformation in der Eidgenossenschaft, die unter Calvin und Zwingli im 16. Jahrhundert zum Bildersturm aufrief. Glasfenster von Chagall, Giacometti oder Polke sind heute an die Stelle der alten Kunstwerke getreten. Mittelalterliche Bilderzyklen finden sich im Kloster Müstair oder in den romanischen Feldsteinkirchen des Tessins mit ihrem farbigen Freskenschmuck. Mit modernen Kirchen in Mogno und auf dem Monte Tamaro setzt der Architekt Mario Botta neue Impulse.

Unmittelbar auf dem Rathaussteg von Luzern aufzusitzen scheint aus dieser Perspektive die erste große Barockkirche der Schweiz: die romantisch am Flussufer der Reuss gelegene Jesuitenkirche St. Franz Xaver, benannt nach dem Jesuitenmissionar Francisco de Xavier.

Über dem Rheinufer erhebt sich sandsteinrot mit ornamentiert gedecktem Dach die ehemalige Bischofskirche, die von Weitem an den beiden unterschiedlichen Türmen erkennbar ist. Der Bau, der sich über fünf Jahrhunderte erstreckte (1019 bis 1500), deckt im Wesentlichen zwei Stilphasen ab: Romanik und Gotik. Obwohl der Bildersturm zur Zeit der Reformation in Basel heftig wütete, ist bedeutender gemeißelter Skulpturenschmuck am Außenbau erhalten. Berühmt sind die Statuen der Ritterheiligen Georg (1372) und Martin (1340), das Rad der Fortuna mit seinen das Auf und Ab des Glücks symbolisierenden Figuren sowie das romanische Skulpturenensemble der Galluspforte (um 1180), das zu den bedeutendsten seiner Art in der Schweiz gehört. Durch die später seitlich angefügten Grabkapellen, die untereinander verbunden wurden, wirkt die dreischiffige Basilika fünfschiffig.

Nach dem Erdbeben von 1356 wurden das gotische Mittelschiff und der Chor neu errichtet (unten). Die farbigen, teilweise neogotischen Glasfenster aus dem 19. Jahrhundert stellen unter anderem die vier Evangelisten und Szenen der Taufe Christi dar (großes Bild).

»Mieten Sie die Elisabethenkirche, das Refektorium oder die Kapelle für Seminare, Meditationen, Konzerte, Vorträge, Kulturevents, ein Bankett oder Ihr Geburtstagsfest ...« – so ist auf der Website des ökumenischen Vereins »offene Kirche« zu lesen. Anstatt den Bau abzureißen, nachdem er in den 1970er-Jahren seine Funktion als Gemeindekirche verloren hatte, beschloss man nach langen Diskussionen, ihn in eine ökumenische Begegnungsstätte umzuwandeln. Seit dem Jahr 1994 wird das Gotteshaus als Werktagskirche, die sechs Tage in der Woche jedermann offen ist, genutzt. Der von dem Großgrundbesitzer Christoph Merian für die evangelische Kirchengemeinde gestiftete Sakralbau wurde aus grauem Sandstein zwischen 1857 und 1865 errichtet. Seine Innendecke besteht aus Backsteingewölben. Er gilt als die bedeutendste neugotische Kirche der Schweiz.

Mit dem Grau der Sandsteinfassade der Elisabethenkirche kontrastiert im Inneren die Leuchtkraft der bunten Glasfenster. Sie zeigen die Kreuzigung, flankiert von der Anbetung der Könige (großes Bild). Der auferstandene Christus wird (unten) als Triumphator dargestellt.

ZÜRICH

Das Fraumünster war ursprünglich die Kirche eines Klosters für Frauen aus dem süddeutschen Hochadel, das 853 von König Ludwig dem Deutschen gestiftet wurde. 874 wurde an dieser Stelle eine dreischiffige Säulenbasilika mit Querschiff und drei Apsiden geweiht, in die man Reliquien der Stadtheiligen Felix und Regula verbrachte. Im 12. und 13. Jahrhundert wurde die Kirche in großem Stil umgebaut. Der Chor blieb romanisch, das Querschiff hingegen erhielt ein hohes gotisches Deckengewölbe. Im 13. Jahrhundert wurde es mit einem Fresko geschmückt, das die Ursprungslegende des Stifts darstellt. Heute ist nur noch eine Kopie zu sehen. Glanzpunkte des Fraumünsters sind der Fensterzyklus im Chor (1970) und die 1978 fertiggestellte Rosette im südlichen Querschiff von Marc Chagall sowie das Buntglasfenster von Augusto Giacometti aus dem Jahr 1945.

Der Nordturm des Zürcher Fraumünsters ragt am Ufer der Limmat neben dem Stadthaus auf (rechts). Zur berühmten Ausstattung der Kirche gehören die Glasmalereien Marc Chagalls (ganz rechts), der ab 1970 die in grünen, blauen, roten und gelben Tönen leuchtenden Chorfenster schuf.

ZÜRICH

Bereits im 8. Jahrhundert pilgerten Wallfahrer an den Ort des heutigen Grossmünsters, um die Heiligen Felix und Regula zu ehren. Die romanische Kirche entstand zwischen 1100 und 1250 mit reicher Bauskulptur. Sie wurde mehrmals umgebaut. 1519 erhielt Ulrich Zwingli einen Ruf als Leutpriester an das Grossmünster. Unter ihm und seinem Nachfolger Heinrich Bullinger wurde die Kirche ein Zentrum der Reformation. Die karge Nüchternheit des Innenraums spiegelt dies wider: Fast alle dekorativen Elemente wurden entfernt. Den Bildersturm überlebt haben nur Teile der Fresken im Chor sowie Bilder von Hans Leu d. Ä. in der Krypta und der Zwölfbotenkapelle. Im 20. Jahrhundert wude die Kirche mit drei Buntglasfenstern (1933) des berühmten Augusto Giacometti sowie abstrakten Achat- und figurativen Glasfenstern von Sigmar Polke (2009) ausgestattet.

Das Grossmünster ist neben dem Fraumünster und der St.-Peter-Kirche eine der bekanntesten Kirchen der Stadt Zürich. Seine charakteristischen Doppeltürme sind das eigentliche Wahrzeichen der Stadt. Beeindruckend: die malerische Uferpromenade an der Limmat.

FRAUMÜNSTER

GROSSMÜNSTER

Die Bauten der 1805 aufgelösten Abtei St.Gallen stammen vorwiegend aus der dritten Blütezeit, die das Kloster ab dem 17. Jahrhundert erlebte; als ältester Teil der frühen Klosteranlage ist nur noch die im 10. Jahrhundert entstandene Krypta mit den Gräbern der St. Galler Bischöfe erhalten. Die Stiftskirche St. Gallus und St. Otmar, ein Barockbau mit zentraler Rotunde, wurde in den Jahren 1755 bis 1765 errichtet und besticht durch ihre prächtige Ostfassade. Mit der Gründung des Doppelbistums Chur und St. Gallen im Jahr 1824 wurde die Stiftskirche zur Kathedrale. Im Westtrakt des Klosters befindet sich die Stiftsbibliothek mit rund 170 000 Büchern und anderen Medien. Zu den mittelalterlichen Schätzen gehört eine Abschrift des Nibelungenlieds. Der zweigeschossige Rokoko-Bibliotheksaal mit Deckengemälden und Stuckaturen ist einer der schönsten Bibliotheksbauten der Welt.

Das heutige Erscheinungsbild der Klosteranlage von St. Gallen (Weltkulturerbe der UNESCO) geht auf das 18. Jahrhundert zurück (links). Rund 200 mittelalterliche Handschriften beherbergen die prunkvollen Räume der Stiftsbibliothek (großes Bild). Barocke Stuckaturen und illusionistische Deckenmalereien sind ein Blickfang der Klosterkirche, deren Chorgestühl von Joseph Anton Feichtmayr entworfen wurde (unten links).

KREUZLINGEN

Die 1653 geweihte Kirche des einstigen Augustinerstifts, das der Stadt Kreuzlingen am Bodensee ihren Namen gab, wurde nach Plänen des Vorarlbergers Michael Beer vom Konstanzer Stadtbaumeister Stephan Gunertsrainer und dem Steinmetz Melchior Gruber errichtet. Auf der Nordseite wurde 1760 für eine Kreuzholzreliquie die Ölbergkapelle angefügt. Ab 1764 erfolgte ein Umbau im Stil des Rokoko. Bei Renovierungsarbeiten brannte die Kirche 1963 großteils ab, wurde jedoch bis 1967 wiederaufgebaut. Im Hauptschiff fallen die Deckengemälde mit Szenen aus dem Ordensleben des heiligen Augustinus, das Chorgitter und die großen Statuen der Heiligen Ulrich und Afra von Hans Christoph Schenk auf. Sehenswert ist auch die Ölbergkapelle mit Gnadenkreuz, Kalvarienberg und Passionsgeschichte, deren Figuren ein Tiroler Bildschnitzmeister (1720–1730) anfertigte.

Das schöne schmiedeeiserne Chorgitter wurde von Johann Jakob Hoffner angefertigt (unten links). In der Ölbergkapelle schuf Innozenz Beck das Grottenwerk mit dem Kalvarienberg unterhalb des Gnadenkreuzes. Die Figuren aus Arvenholz beeindrucken durch ihre tänzerische Leichtigkeit und den Detailreichtum (unten). Heute steht auf der Westempore die große Sandtner-Orgel (links).

Die im Jahr 934 gegründete Benediktinerabtei, ein bedeutendes geistliches Zentrum der Schweiz, besteht heute aus einer symmetrischen Klosteranlage mit vier Innenhöfen, die ab 1704 von Johann Moosbrugger nach Plänen seines Bruders Caspar errichtet wurde. Zentrales Bauwerk ist die 1735 geweihte und von zwei 60 Meter hohen Türmen gerahmte Stiftskirche. Sie gilt als die bedeutendste Barockkirche der Schweiz, ihre Ausgestaltung oblag 1724 bis 1726 den Brüdern Asam. In der Kirche befindet sich die Gnadenkapelle mit einer Schwarzen Madonna, die der Legende nach Christus seiner Mutter Maria geweiht hat. Pilger finden in der Unterkirche unterhalb des Chors einen stillen Raum für Gebete. Berühmt ist das Kloster auch für seine Bibliothek mit 1230 wertvollen Handschriften und über 1000 Inkunabeln sowie seinen barocken Marstall mit dem ältesten Gestüt Europas.

Das Kloster Einsiedeln beeindruckt innen wie außen durch die opulente Formensprache des Barock. Links: Klostervorplatz mit dem Frauenbrunnen. Große Bilder unten: Die rundum mit spätbarocken Stuckaturen und Malereien von Cosmas Damian und Egid Quirin Asam ausgeschmückte Kirche zieht Besucher in ihren Bann, insbesondere beim Anblick des größten Deckenfreskos der Schweiz – ein Fest der Farben.

Die 1666 bis 1677 erbaute Jesuitenkirche in Luzern wurde nach Franz Xaver, einem Mitbegründer des Jesuitenordens, benannt. Sie ist die erste große Barockkirche des Landes, mit einer üppigen Dekoration, wie sie bis dahin in der Schweiz unüblich war. Die Entwürfe der Stuckaturen im Stil der Wessobrunner Schule in den Seitenkapellen stammen von Pater Heinrich Mayer. Für die Innenraumgestaltung waren nicht mehr wie bis dahin üblich Steinmetze verantwortlich, sondern Stuckateure. Auch der marmorn wirkende riesige Hochaltar besteht lediglich aus Gips. Die Fresken an der Decke schufen Giuseppe und Gian Torricelli, das Altarbild »Die Glorie des heiligen Franz Xaver« (1681) Orazio Torriani. Im Gewölbe liegt die Originalkutte des Einsiedlers und Mystikers Bruder Klaus, des Landespatrons der Schweiz. Wegen der ausgezeichneten Akustik herrscht in der Kirche reger Konzertbetrieb.

Der Innenraum der Luzerner Jesuitenkirche verharrt nicht mehr in den kantigen Konturen der Gotik, sondern erstrahlt in barocker Verspieltheit und Fülle. Die architektonische Gliederung aus Pilastern, Gebälken und Gurten wurde aus Stuck aufmodelliert (Bilder unten). Schon kurz nach seiner Vollendung erfüllte der Klang der Orgel aus dem Jahr 1677 (links) den für seine Akustik berühmt gewordenen Kirchenbau.

MÜSTAIR

In 1240 Meter Höhe liegt im Münstertal das Kloster St. Johann Baptist, das von Karl dem Großen um 785 als Männerkonvent gegründet wurde und als eines der schönsten Beispiele karolingischer Baukunst gilt. Um zwei Innenhöfe herum gruppieren sich die meist aus dem Mittelalter stammenden Klostergebäude. Kernstück ist die 1200 Jahre alte Stiftskirche St. Johann, die Ende des 15. Jahrhunderts in eine spätgotische Hallenkirche umgebaut wurde. In ihrem Innern verbirgt sich der Schatz, der sie in den Rang des Weltkulturerbes der UNESCO erhebt: 135 originale Fresken ziehen sich in fünf Friesen um den Innenraum herum und zeigen Szenen aus dem Leben König Davids und Christus; an der Westwand wird das Jüngste Gericht dargestellt. Drei Apsiden und die Ostwand wurden um 1180 von einem unbekannten Meister übermalt, der das Programm der karolingischen Fresken übernahm.

Die Klosterkirche liegt idyllisch umgeben von Wiesen, Wäldern und Bergen (links) im Herzen des Engadins. Das Fresko in der Hauptapsis (großes Bild) stellt das Gastmahl des Herodes und die tanzende Salome mit dem Haupt Johannes' des Täufers dar. Unter dem sonst schlichten Kreuzgewölbe des Altarraums kommen die farbenprächtigen Fresken besonders gut zur Geltung (unten links).

Durch Zufall entdeckten die Schweizer Kunsthistoriker Joseph Zemp und Robert Durrer um 1900 den Freskenzyklus aus der Gründungszeit der Klosterkirche, der unter Putz verborgen über 1000 Jahre schlummerte. Heute gilt er als einzigartiges Beispiel frühmittelalterlicher Kirchenmalerei.

Das Berner Münster St. Vinzenz ist die größte und bedeutendste Kirche der Spätgotik in der Schweiz. Der Grundstein für die dreischiffige Pfeilerbasilika wurde 1421 gelegt, der Turm erst 1893 vollendet. Bauherren waren die Bürger Berns, die auch die zwölf Seitenkapellen stifteten. Weltberühmt ist das Portal mit der Darstellung des Jüngsten Gerichts. Seine Figuren wurden wie diejenigen in der Hauptvorhalle von Erhard Küng geschaffen. Im Innern lassen die hohen Chorfenster, deren älteste aus der Zeit um 1450 stammen, mit ihren Glasmalereien eine fast bühnenartige Beleuchtung entstehen. Im Jahr 1523 kam das reich mit Aposteln, Propheten und Alltagsfiguren geschnitzte Chorgestühl dazu, der Taufstein des Meisters Albrecht von Nürnberg folgte 1524. Im Turm befindet sich auch die mit zehn Tonnen schwerste Glocke der Schweiz mit einem der tiefsten Töne der Welt.

Das prachtvollste Ausstattungsstück des Münsters ist der Tympanon des Hauptportals. In der Mitte steht Justitia im antiken Gewand (unten rechts), darüber sind um den Erzengel Michael 234 von Erhard Küng 1460 bis 1480 gefertigte Figuren zum Jüngsten Gericht gruppiert, darunter Satan, Christus, Engel, Propheten, Apostel, gemeines Volk (großes Bild). Links: Blick durch das Hauptschiff auf die Chorfenster.

Im Jahr 1180 legten Ulrich II. von Neuenburg und seine Gattin Bertha den Grundstein für ein neues Schloss, zu dem auch die elegante dreischiffige Basilika mit ihren Zwillingstürmen gehört. Sie beeindruckt vor allem durch die Reinheit ihres gotischen Baustils. Das mit farbigen Ziegeln gedeckte Dach ist außergewöhnlich für Kirchen dieser Zeit, ebenso wie der ausgeprägte Vierungsturm mit eigenen Fenstern. Als die Protestanten die Kirche im Jahr 1530 übernahmen, wurde aller religiöse Schmuck entfernt. Das Eingangsportal krönt ein riesiges Rosettenfenster mit Glasmalerei und fein gearbeitetem Maßwerk. In der Kollegiatskirche befindet sich im Chor der 1372 von Louise von Neuenburg gestiftete Kenotaph, das Ehrengrabmal für die Grafen von Neuenburg. Es ist das einzige Grabmal dieser Art nördlich der Alpen und wird von 15 Statuen der Grafen und ihrer Gattinnen geschmückt.

Anlässlich der Fußball-Europameisterschaft 2008 erstrahlte die Kollegiatskirche Neuchâtel in farbenfrohen Lichtprojektionen (Bilder links). Das nüchterne Innere mit Sternendecke lässt den gotischen Baustil in faszinierender Klarheit deutlich werden (unten Mitte). Unten links und rechts: Ritterliche Damen in Demutshaltung mit fromm gefalteten Händen am Kenotaph der Grafen von Neuenburg.

Die Kathedrale Notre-Dame gilt als einer der fortschrittlichsten Kirchenbauten der Gotik. Sie wurde ab 1170 als katholisches Gotteshaus errichtet, seit der Reformation ist sie die Hauptkirche der Protestanten in Lausanne. Diese Zeit ließ nur wenig von der reichen mittelalterlichen Ausstattung übrig. Der »Meister der Rose von Lausanne«, vermutlich ein Peter von Arras, schuf die Verglasung der Rosette im südlichen Querschiff (13. Jahrhundert). Die Darstellungen der Naturelemente, Monate, Sternzeichen, Ungeheuer und Jahreszeiten lassen das damalige Weltbild erkennen. Weitere Glasmalereien stammen von Künstlern des 19. und 20. Jahrhunderts. Das Südportal wird wegen seiner einzigartigen Polychromie »Portal peint« genannt. Ein Meisterwerk der Holzschnitzkunst stellt das spätgotische Kirchengestühl (16. Jahrhundert) der Chapelle St. Maurice im linken Seitenschiff dar.

Notre-Dame vor den weiten Wasserflächen des Genfer Sees, wo am Horizont die Konturen zwischen Himmel und Wasser verschwimmen (links). In der Reformationszeit überstrich man die Originalwandmalereien, die erst kurz nach 1900 wiederhergestellt wurden. Die heutige Farbgebung des Kirchenschiffs (großes Bild) in Grau- und Ockertönen entspricht dem Urzustand – durchdrungen von göttlichem Licht.

Die dreischiffige Pfeilerbasilika St. Pierre in Genf, erbaut von 1150 bis 1232, war bis 1536 Sitz des katholischen Bischofs. In der Reformationszeit wurde sie Wirkungszentrum Jean Calvins und Hauptkirche der Protestanten, die den Großteil des katholischen Dekors entfernten. In seiner calvinistischen Kargheit strahlt der im romanischen Stil begonnene und frühgotisch vollendete Bau majestätische Würde aus. Die beiden unvollendeten Haupttürme kamen im 13. Jahrhundert hinzu, der klassizistische Säulenportikus um 1750, die metallene Turmspitze im Jahr 1895. Sehenswert sind der Stuhl Calvins, das geschnitzte Chorgestühl und das Grab des Hugenottenführers Henri de Rohan (1579 bis 1638). Eine steile Wendeltreppe führt auf den Nordturm, der einen einzigartigen Rundblick bietet. In einem Museum unter der Kathedrale werden die reichen archäologischen Funde des Ortes gezeigt.

Großes Bild: Die Makkabäerkapelle wurde ab 1878 im neugotischen Stil renoviert und setzt mit ihrer farbenprächtigen Ausstattung einen Kontrapunkt zu dem eher schlichten Innenraum der Kathedrale (links). Die im Jahr 1405 erbaute Grab- und Stiftskapelle wurde zur Reformationszeit in ein Lagerhaus umgewandelt. Gegen Ende des 17. Jahrhunders benutzte man sie als Hörsaal der Evangelischen Akademie.

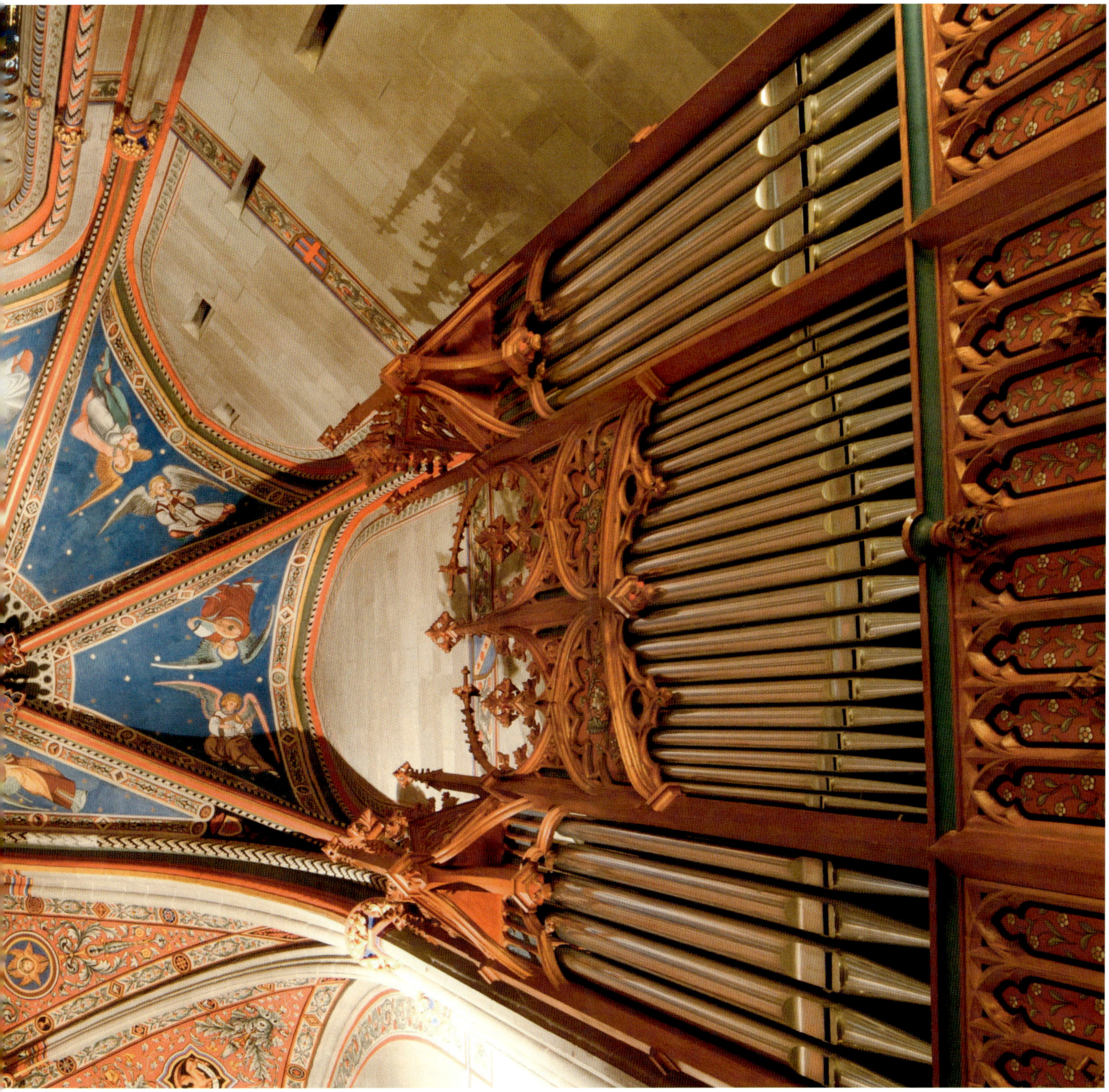

Die Feldsteinmauern der Weinberge scheinen sich im Gemäuer der Kirche San Nicola zu wiederholen, deren streng romanische Architektur sich harmonisch mit den Steinhäusern von Giornico und der zauberhaften Landschaft der Leventina verbindet. Der Bau geht auf das 12. Jahrhundert zurück und gilt als bedeutendes Zeugniss lombardischer Romanik. Der bauplastische Schmuck lässt eine längst vergangene mythische Vorstellungswelt erkennen: Fabelfiguren auf den Portalen und kauernde Löwen wachen über dem Eingang zur Kirche, um die Kapitelle ranken sich Tiergestalten. Zu den wichtigsten Kunstschätzen im Innern zählt der Freskenzyklus des Kirchenkünstlers Nicolao da Seregno aus dem 15. Jahrhundert. Eine Darstellung der Dreifaltigkeit in Gestalt eines Gesichts mit drei Mündern, drei Nasen und drei Augenpaaren gehört zu den wohl bizarrsten Bildern von San Nicola.

Die Apsis des ungewöhnlich hoch angelegten Chors ziert ein Fresko von Nicolao da Seregno, das Christus in der Mandorla darstellt, umgeben von den Symbolen der Apostel. Darunter liegt die Öffnung zur Hallenkrypta (rechts). Die Altarnische erstrahlt in mystischem Licht (unten).

NEGRENTINO SANT'AMBROGIO

Nur über einen Fußweg, der sich von dem Dörfchen Prugiasco im Valle di Blenio steil hinaufschlängelt, ist die inmitten der Weiden von Negrentino im nordöstlichen Tessin gelegene Kirche zu erreichen. Das archaisch wirkende Ensemble, bestehend aus Kirchenschiff mit Apsiden und frei stehendem Glockenturm, ist romanischen Ursprungs und wurde im 11. Jahrhundert an der Kreuzung der Bergpfade errichtet, die das Bleniotal mit der Leventina verbinden. Ein Fresko des heiligen Michael und eine Ecce-Homo-Darstellung empfangen den Besucher am Eingang. Der Innenraum ist vollständig mit Fresken ausgemalt, von denen das älteste noch aus der Gründungszeit der Kirche stammt und byzantinische Einflüsse erkennen lässt. Es zeigt Christus mit den Aposteln. Neuere Fresken werden den Künstlern der Schule von Seregno und Antonio da Tradate (15. bzw. 17. Jahrhundert) zugeschrieben.

Die schmucklose Kirche aus Natursteinmauern lässt nicht den reichen Freskenschmuck erahnen, der die romanischen Apsiden, Bogen und Gewölbe des Innenraums bedeckt, darunter Darstellungen von Szenen aus dem Leben Mariens von Antonio da Tradate.

BELLINZONA SANTA MARIA DELLE GRAZIE

Die von außen unspektakuläre Kirche, an der alten Straße nach Lugano gelegen, wurde um das Jahr 1480 als Teil einer Franziskanerabtei errichtet. Aus dieser Zeit stammt auch der Lettner, der Presbyterium und Chor vom Kirchenraum trennt. Diese von drei Rundbogen durchbrochene Mauer ist mit einem Freskenzyklus bemalt, der das Leben Jesu in farbenprächtigen Bildern schildert. Von der Verkündigung bis zur Auferstehung wurde die Passion Christi für die Kirchgänger somit in Form eines »Bilderbuchs« sinnlich nachvollziehbar und bildete damit eine spannende Ergänzung zu den vom Volk oft nicht verstandenen lateinischen Predigten. Die Fresken werden den Künstlern der Mailänder Malschule um Stefano Scotto und seinem Schüler Gaudenzio Ferrari zugeschrieben, die in der Zeit der Wende vom 15. zum 16. Jahrhundert die Kirchenmalerei im Tessin entscheidend prägten.

Unübertroffen ist der reiche Freskenschmuck im Innern von Santa Maria delle Grazie. Im Zentrum des bemalten Lettners steht die Kreuzigungsszene, die von 15 weiteren Bildern umrahmt wird. In eindrücklicher Weise schildern sie Szenen aus dem Leben und Wirken Christi.

MOGNO

Nicht wie im Mittelalter sind es Reliquien, die Pilgerscharen in das kleine Tessiner Bergdorf Mogno ziehen, sondern heute ist es die moderne Sakralarchitektur selbst, die zum Anziehungspunkt wird. Dafür hat der Schweizer Architekt Mario Botta mit einem spektakulären Bau gesorgt, der hier 1992 bis 1996 anstelle eines Vorgängerbaus errichtet wurde. Seine Handschrift erkennt man an der geometrischen Strenge und der massiven Bauweise. Das Gebäude besteht aus einem elliptischen Zylinder, der oben in einem 45-Grad-Winkel abgeschrägt und mit einem Glasdach geschlossen ist. Dies gewährleistet die natürliche Belichtung des Steinbaus, der durch den Farbwechsel von hellem Marmor und dunklem Gneis fast ornamental wirkt. Botta ist die sprichwörtliche Quadratur des Kreises gelungen, nämlich der Übergang vom rechteckigen Grundriss des Innenraums zum Dachrund.

Es verblüfft, wie eine Architektur, die auf wenige geometrische Formen und den Hell-Dunkel-Kontrast reduziert ist, durch Licht und Schatten zu einer dynamischen Op-Art-Plastik wird (rechts, unten links). Der Durchgang zur Sakristei wird von einem Rundbogen-Stufenportal in Schachbrettmuster überwölbt (unten Mitte).

MONTE TAMARO

Inmitten der Bergwelt des Monte Tamaro, auf der Alpe Fopa zwischen Bellinzona und Lugano, thront die futuristische Kapelle Maria degli Angeli – ein Werk des Schweizer Architekten Mario Botta, der damit der verstorbenen Frau des Auftraggebers und Luftseilbahnbetreibers Egidio Cattaneo ein Denkmal setzte. Über eine 65 Meter lange, auch im Innern des Gemäuers begehbare Brücke erreicht man die zylinderförmige Kapelle mit ihrem als Aussichtsterrasse genutzten Dach. Ein Kreuz erwartet den Besucher am Ende dieses meditativ gestalteten Wegs. Auch das Innere der Kapelle zeigt die architektonische Inszenierung moderner Spiritualität: Ein Wasserbecken führt auf den Altar zu, über dem ein Fresko von Enzo Cucchi mit dem einfallenden Licht korrespondiert. Oben und unten ebenso wie Innen- und Außenbereiche werden in diesem Bauwerk zu Metaphern für Leben, Tod und Ewigkeit.

Unterschiedlichste Ausblicke und Perspektiven bietet die labyrinthische Anlage dieses in den 1990er-Jahren auf rund 1500 Meter Höhe errichteten Sakralbaus. Ist man am Ende der Brücke (unten) angelangt, kann der Blick in die Weite schweifen. Fast surreal: die Steinbogen mit Treppen, die im Nichts enden (großes Bild).

SAN GIOVANNI BATTISTA

SANTA MARIA DEGLI ANGELI

Mario Bottas Formensprache basiert auf einem Zusammenspiel naturhafter und spiritueller Symbolik, wobei die ineinander verwobenen geometrischen Formen die Spannungsmomente im Hell-Dunkel-Kontrast bewusst auflösen – der Geist des Glaubens in perfekter Harmonie mit dem Raum.

REGISTER

BILDNACHWEIS / IMPRESSUM

Abkürzungen:
A = Alamy | C = Corbis | G = Getty Images | L = Laif | M = Mauritius Images

S. 2/3: look/Brigitte Merz, S. 4/5: look/Zielske, S. 6/7: look/Zielske, S. 8/9: Huber, S. 10/11: A/Jon Arnold, S. 12/13: Monheim/Elberts, S. 14/15: blickwinkel/E. Teister, S. 16/17: M/imagebroker, S. 18/19: H. u. D. Zielske, S. 19 o.: H. u. D. Zielske, S. 20/21: H. u. D. Zielske, S. 21 o. l.: Monheim/Florian Monheim, S. 21 o. r.: G/Keenpress, S. 21 r.: Tom Krausz/freelancepool, S. 22/23 o.: A/Arco, S. 22/23 u.: M/A, S. 23 r. o.: M/A, S. 23 r. u.: L/Johannes Arit, S. 24/25: H. u. D. Zielske, S. 25 o.: M/Age, S. 26/27: L/Thomas Babovic, S. 28/29: look/Zielske, S. 29 o. l.: L/Thomas Babovic, S. 29 o. r.: L/Thomas Babovic, S. 30/31: M/A, S. 31 o.: A/Imagebroker, S. 32/33: look/Zielske, S. 33 o.: look/Zielske, S. 33 r.: look/Zielske, S. 34/35: look/Zielske, S. 36/37: L/Andreas Hub, S. 37 o.: L/Thomas Babovic, S. 37 r.: A1 Pix/Your Photo Travel Today, S. 38 l.: A/Insadco Photography, S. 38/39: H. u. D. Zielske, S. 39 o.: C/Dietrich Rose, S. 39 r.: H. u. D. Zielske, S. 40/41: L/Gerald Haenel, S. 42 l.: L/Gerhard Westrich, S. 42/43: L/Gerald Haenel, S. 43 o. l.: L/Gerald Haenel, S. 43 o. r.: L/Gerald Haenel, S. 43 r.: L/Gerald Haenel, S. 44 l.: L/Gerhard Westrich, S. 44/45: L/Gerald Haenel, S. 45 o.: look/Zielske, S. 46 o. l.: A/Arco, S. 46 o. M.: Visum/Markus Hanke, S. 46 o. r.: Visum/Markus Hanke, S. 46 u. l.: Huber/Baeck, S. 46 u. M.: M/A, S. 46 u. r.: Schapowalow/Kliem, S. 47 o.: Visum/Markus Hanke, S. 47 u. l.: M, S. 47 u. r.: Schapowalow/Kliem, S. 48 /49: look/Zielske, S. 48 l. o.: look/Zielske, S. 48 l. u.: look/Zielske, S. 49 o. l.: look/Zielske, S. 49 o. r.: look/Zielske, S. 50/51: A/Kuttig, S. 52 l.: A/imagebroker, S. 52 M.: M/A, S. 52/53: M/A, S. 53 o. l.: L/Modrow, S. 53 o. r.: M/A, S. 54 l o.: L/Johannes Arit, S. 54 l. u.: M/imagebroker, S. 54: M/A, S. 55 l.: M/A, S. 55 r.: L/Fluvio Zanettini, S. 56/57: look/Zielske, S. 57 o.: A/TopPcs, S. 57 r.: look/Zielske, S. 58/59: A/Imagebroker, S. 60/61: M/imagebroker, S. 61 o.: G/Look, S. 61 r. o.: M/imagebroker, S. 61 r. u.: Alimdi/Thomas Born, S. 62 o. l.: look/Zielske, S. 62 o. M.: Look/Sabine Lubenow, S. 62 o. r.: M/imagebroker, S. 62 u. l.: A/imagebroker, S. 62 u. r.: L/Gerhard Westrich, S. 63 o.: M/imagebroker, S. 63 u. l.: L/Gerhard Westrich, S. 63 u. r.: L/Gerhard Westrich, S. 64 o. l.: M/A, S. 64 o. r.: M/A, S. 64 u. l.: M/A, S. 64 u. r.: M/A, S. 66: M/A, S. 67 l.: M/A, S. 67 o.: M/A, S. 67 r.: Argum/Christian Lehsten, S. 68/69: M/A, S. 70 l.: M/A, S. 70/71: M/A, S. 71 o. l.: G/look, S. 71 o. r.: G/Vetta, S. 72/73: Hubertus Blume, S. 73 o.: H. u. D. Zielske, S. 73 r. 1. v. o.: Alimdi.net/ Christian Reister, S. 73 r. 2. v. o.: L/Adenis/Gaff, S. 73 r. 3. v. o.: L/Adenis/Gaff, S. 73 r. 4. v. o.: Monheim/Florian Monheim, S. 74 l.: Alimdi/Ingo Schulz, S. 74/75: C/Gregor M. Schmid, S. 75 o.: Visum/Fragasso, S. 76/77: Schapowalow/ Menges, S. 77 o. l.: H. u. D. Zielske, S. 77 o. r.: A. Sperber, S. 78 l. o. .M/imagebroker, S. 78 l. u.: A/Imagebroker, S. 78 r.: M, S. 79 o.: L/Clemens Zahn, S. 79 u. l.: L/Martin Kirchner, S. 79 u. r.: M/A, S. 80 l. o.: look/Zielske, S. 80 l. u.: look/Zielske, S. 80 r.: M/imagebroker, S. 81 l.: M/A, S. 81 r.: M/A, S. 82/83: L/Martin Kirchner, S. 83 o.: M/imagebroker, S. 83 r. o.: look/Zielske, S. 83 r. u.: L/Martin Kirchner, S. 84/ 85: look/ Zielske, S. 86 l. u. o.: M/A, S. 86/87: M/A, S. 88/89: L/Martin Kirchner, S. 89 o. l.: M/A, S. 89 o. r.: M, S. 89 r.: L/Martin Kirchner, S. 90/91: look/Heinz Wohner, S. 92/93 o.: M/A, S. 92 u. l.: G/Jupiterimages, S. 92/93 u.: M/A, S. 93 o. r.: M/A, S. 94/95: look/Zielske, S. 95 o. l.: M/A, S. 95 o. r.: look/ Zielske, S. 96 l.: L/Gerald Haenel, S. 96/97: L/Gerald Haenel, S. 97 o. l.: look/Zielske, S. 97 o. r.: M/A, S. 97 r.: L/Gerald Haenel, S. 98/99: look/ Zielske, S. 99 o.: G/Look, S. 99 r. o.: G/Look, S. 99 r. u.: look/ Zielske, S. 100 l.: M/A, S. 100 r.: look/Zielske, S. 101 l.: look/Karl Johaentges, S. 101 r. o.: look/Heinz Wohner, S. 101 r. u.: look/Karl Johaentges, S. 102 l. o.: M/imagebroker, S. 102 l. u.: M/imagebroker, S. 102 r.: M/imagebroker, S. 103: M/imagebroker, S. 104/105.: look/Zielske, S. 105 o.: M/imagebroker, S. 105 r.: M/imagebroker, S. 106/107: look/Zielske, S. 107 o.: look/Zielske, S. 107 r.: M/A, S. 108/ 109: H. u. D. Zielske, S. 220111: look/Zielske, S. 111 o.: M/A, S. 112/113: G/Murat Taner, S. 114 l.: M, S. 114 r.: M, S. 115 l.: look/ Zielske, S. 115 r.: A/Imagebroker, S. 116 l.: M/A, S. 116/117: M/A, S. 117 o.: G/look, S. 117 r.: M/A, S. 118 l.: H. u. D. Zielske, S. 118/119: H. u. D. Zielske, S. 119 o. l.: H. u. D. Zielske, S. 119 o. r.: Caro/Muhs, S. 120/121: H. u. D. Zielske, S. 121 o. l.: M/A, S. 121 o. r.: L/Adenis/Gaff, S. 122/123: M/imagebroker, S. 123 o.: G/Panoramic Images, S. 124 l. o.: M, S. 124 l. u.: M, S. 124/125 o.: M/A, S. 124/ 125 u.: look/age, S. 125 r. o.: look/Zielske, S. 125 r. u.: M, S. 126 l. o.: look/Zielske, S. 126 l. u.: M/A, S. 126 r.: M/imagebroker, S. 127 l.: M/A, S. 127 r.: M/A, S. 128/129: M/A, S. 130/131: L/Joerg Glaescher, S. 132 l.: Schapowalow/Huber, S. 132 r.: look/Terra Vista, S. 133 l.: M/Cubo, S. 133 r.: M/imagebroker, S. 134 l. o.: A/Imagebroker, S. 134 l. u.: Look/Kay Maeritz, S. 134/135 o.: L/Fluvio Zanettini, S. 134/ 135 u.: Huber/Reinhard Schmid, S. 135 r.: M/imagebroker, S. 136 l.: M/A, S. 136/137: M/imagebroker, S. 137 o. l.: M/ Age, S. 137 o. r.: akg, S. 137 r.: M/imagebroker, S. 138/139: look/Zielske, S. 139 o.: look/Zielske, S. 140/141: look/ Zielske, S. 142 l.: M, S. 142/143: look/Brigitte Merz, S. 143 o.: M/imagebroker, S. 144 l.: Holger Klaes, S. 144/145: Huber/Holger Klaes, S. 145 o.: Holger Klaes, S. 145 r. o.: Huber/Holger Klaes, S. 145 r. u.: Uwe Schmid, S. 146/147: A/Arco, S. 147 o. l.: M/imagebroker, S. 147 o. r.: A/Arco, S. 147 r.: M, S. 148 l.: Werner Otto, S. 148/149: M/imagebroker, S. 149 o.: M/A, S. 150 o.: M, S. 150 u.: Zonar/Barbara Boensch, S. 151 o.: M, S. 151 u.: Holger Klaes, S. 152/ 153: M/imagebroker, S. 153 o.: Bieker, S. 154/155: Holger Klaes, S. 155 o.: L/Dirk Kruell, S. 156/157: L/Dorothea Scmid, S. 157 o.: M/imagebroker, S. 157 r.: Werner Otto, S. 158/159: A/Bildbroker.de, S. 159 o.: Huber/Schulte-Kellin, S. 160/161: M/A, S. 162/163: H. u. D. Zielske, S. 163 o. l.: Huber/Eiben, S. 163 o. r.: H. u. D. Zielske, S. 163 r.: look/Brigitte Merz, S. 164/165: C/Travelpix, S. 166 l.: look/ Sabine Lubenow, S. 166/167: C/Svenja-Foto, S. 167 o. l.: L/Dieter Klein, S. 167 o. r.: M/A, S. 168/169: M, S. 169 o.: akg/Erich Lessing, S. 170 l.: M/A, S. 170 r.: M/A, S. 171 o.: Monheim/Florian Monheim, S. 171 u.: Holger Klaes, S. 172/173: L/G.Huber, S. 173 o.: Holger Klaes, S. 173 r.: M/A, S. 174 o. l.: Torsten Krueger, S. 174/175 o.: M/imagebroker, S. 174 u. l.: M/A, S. 174/175 u.: Joker/Hartwig Lohmeyer, S. 175 o. r.: M/A, S. 175 u. r.: M/A, S. 176/177: A1 Pix/Your Photo Travel Today, S. 178 l.: M/A, S. 178/179: look/Zielske, S. 179 o. l.: look/Zielske, S. 179 o. r.: look/ Zielske, S. 180/181 o.: caro/ Hoffmann, S. 180/181 u.: M/ imagebroker, S. 181 r. o.: M/ imagebroker, S. 181 r. u.: M/ imagebroker, S. 182/183: M/imagebroker, S. 183 o. l.: look/ Heinz Wohner, S. 183 o. r.: M/A, S. 184/185: look/Rainer Martini, S. 185 o. l.: Huber/Holger Klaes, S. 185 o. r.: C/ Massimo Borchi, S. 185 r.: M/A, S. 186 l.: Huber/Graefenhain, S. 186/187: Huber/ Graefenhain, S. 187 o.: L/Clemens Emmler, S. 188: look/ Heinz Wohner, S. 189: M/A, S. 190/ 191: look/Heinz Woh-ner, S. 192/193: Werner Otto, S. 193 o.: M/A, S. 193 r.: M/A, S. 194/165: M/A, S. 196/197: look/ Zielske, S. 197 o.: look/Heinz Wohner, S. 198 l.: M/A, S. 198 r.: M/A, S. 199 l.: M/imagebroker, S. 199 r. o.: M/imagebroker, S. 199 r. u.: M/imagebroker, S. 200 o. l.: Bildagentur-online/Klein, S. 200 o. M.: L/Georg Knoll, S. 200/201: look/Heinz Wohner, S. 200 u.: look/Brigitte Merz, S. 201 u.: A/Ernst Wrba, S. 202/203: look/Zielske, S. 203 o.: L/Jan-Peter Boening, S. 203 r.: M/imagebroker, S. 204/205 o.: L/Jan-Peter Boe-ning, S. 204/205 u.: Okapia/Bernd Rohrschneider, S. 205 r. o.: L/Jan-Peter Boening, S. 205 r. u.: M/imagebroker, S. 206/207: look/Zielske, S. 207 o. l.: G/Heinz Wohner, S. 207 o. r.: look/Zielske, S. 208/209: Huber/Schmid, S. 209 o.: look/Heinz Wohner, S. 209 r.: C/rand Tour Collection, S. 210/211: C/Franz Marc Frei, S. 211 o. l.: M/A, S. 211 o. r.: M/A, S. 211 r.: Huber/Spiegelhalter, S. 212/213: Schapowalow/Huber, S. 213 o.: L/Fluvio Zanettini, S. 214/215: L/Berthold Steinhilber, S. 216 l. o.: M/A, S. 216 l. u.: M/A, S. 216/217: M/A, S. 217 u. l.: M/imagebroker, S. 217 u. r.: M/imagebroker, S. 218 l. o.: Huber/Reinhard Schmid, S. 218 l. u.: Alimdi/Martin Moxter, S. 218: M/A, S. 219 l.: M/A, S. 219 r.: M/A, S. 220 l.: Huber/Otto Stadler, S. 220/221: Huber/Otto Stadler, S. 221 o.: look/age, S. 222/223: look/ Sabine Lubenow, S. 223 o. l.: look/Ingolf Pompe, S. 223 o. r.: M/imagebroker, S. 224 o.: blickwinkel/Mc Photo, S. 224 u.: look/Zielske, S. 225 o.: M/imagebroker, S. 225 u.: look/ Zielske, S. 226 l o.: M/A, S. 226 l. u.: L/Clemens Emmler, S. 226/227 o.: A/Fan Travelstock, S. 226/227 u.: f1 Online/ Prisma, S. 227 r. o.: Interfoto/Marco Schneider, S. 228 l.: C/Svenja-Foto, S. 228/229: C/Blaine Harrington III, S. 229 o. l.: A/Mathew Monteith, S. 229 o. r.: M/A, S. 229 r.: M/A, S. 230/231: M/A, S. 231 o. l.: L/Karl-Heinz Raach, S. 231 o. r.: M/imagebroker, S. 232 o. l.: look/Zielske, S. 232 o. M.: look/Zielske, S. 232 u.: M/A, S. 232/233 o.: look/Zielske, S. 232/233 u.: Schapowalow/Huber, S. 233 u. r.: look/Terra Vista, S. 234 l.: look/Jan Greue, S. 234/235: look/Zielske, S. 235 o. l.: look/Zielske, S. 235 o. r.: look/Zielske, S. 236 o.: Helga Lade, S. 236 u. l.: Interfoto/ATV, S. 236 u. M.: Interfoto/Marco Schneiders, S. 236/237 o.: Bieker, S. 236/237 u.: look/Zielske, S. 237 r. o.: Huber/Reinhard Schmid, S. 237 r. u.: F1-Online/Beate Muenter, S. 238/239: Huber/Reinhard Schmid, S. 240/241: M/imagebroker, S. 241 o. l.: M/imagebroker, S. 241 o. r.: M/imagebroker, S. 242: look/ Terra Vista, S. 243: M/imagebroker, S. 244/245: M/imagebroker, S. 245 o.: www.bilderbox.com, S. 245 r..M/imagebroker, S. 246/247: look/Zielske, S. 247 o.: look/Heinz Wohner, S. 248/249: Ernst Wrba, S. 249 o. l.: Huber/Otto Stadler, S. 249 o. r.: A/Arco, S. 249 r. o.: L/Karl-Heinz Raach, S. 249 r. u.: zoonar/Wener Richner, S. 250/251: Bilderberg/ Berthold Steinhilber, S. 252/253: Monheim/ Florian Monheim, S. 253 o. l.: A/Arco, S. 253 o. r.: M/A, S. 253 M.: A/Monheim, S. 253 o. r.: M/A, S. 253 u. M.: A/Monheim, S. 253 u.r.: M/A, S. 254 l.: G/Look, S. 254/255: Rainer Feldrapp/Freelenspool, S. 255 o. l.: Rainer Feldrapp/ Freelenspool, S. 255 o. r.: look/Franz Marc Frei, S. 255 r.: M/imagebroker, S. 256 l. o.: L/Toma Babovic, S. 256 l. u.: L/Berthold Steinhilber, S. 256/257 o.: Alimdi/BAO, S. 256/ 257 u.: Altrofoto, S. 257 r. o.: Alimdi/BAO, S. 257 r. u.: M/A, S. 258/259: Monheim/Florian Monheim, S. 259 o.: A/Imagebroker, S. 260 l. o.: M/imagebroker, S. 260 l. u.: M/A, S. 260 r.: M/A, S. 261 l.: M/A, S. 261 r.: A/Imagebroker, S. 262/263: Bieker, S. 263 o.: Huber/Reinhard Schmid, S. 264 o. l.: L/Tobias Gerber, S. 264 o. M.: C/Franz Marc Frei, S. 264 u. l.: Huber/Reinhard Schmid, S. 264 u. M.: look/Zielske, S. 264/265 o.: G/Look, S. 264/265 u.: M/imagebroker, S. 265 r. o.: L/Tobias Gerber, S. 265 r. u.: C/ Franz Marc Frei, S. 266/267: C/Franz Marc Frei, S. 268/269: transit/Tom Schulze, S. 269 o. l.: G/Look, S. 269 o. r.: M/A, S. 269 r.: Altrofoto, S. 270/271: look/Zielske, S. 271 o. l.: look/Heinz Wohner, S. 271 o. r.: look/Zielske, S. 271 r.: look/ Zielske, S. 272/273: M/A, S. 273 o.: M/imagebroker, S. 273 r.: L/Peter Hirth, S. 274/275: Huber, S. 276 l.: A/Iconotec, S. 276/277: A/allOver, S. 277 o. l.: A/Witold Skrypczak, S. 277 o. r.: M/imagebroker, S. 278 l. o.: A1 Pix/Your Photo Today, S. 278 l. u.: alimdi/Siepmann, S. 278 r.: Ernst Wrba, S. 279 o.: Alimdi/Martin Moxter, S. 279 u.: Alimdi/Martin Moxter, S. 280 l.: A/ImageState, S. 280/281: A/Imagebroker, S. 281 o.: Wolfgang Deuter, S. 282 l.: H. u. D. Zielske, S. 282 r.: H. u. D. Zielske, S. 283 l.: M/A, S. 283 r.: M, S. 284/285: look/Florian Stern, S. 286 l. o.: G/Krzysztof Dydynski, S. 286 l. u.: M/imagebroker, S. 286/287: G/Look, S. 287 r. o.: G/Look, S. 287 r. u.: M/imagebroker, S. 288/289: C/Michael Kai, S. 289 o. l.: Visum/Stefan Kroeger, S. 289 o. r.: M, S. 290 o. l.: M/imagebrokerS- 290 o. r.: M/A, S. 290 u.: M, S. 291 o. l.: C/Michael Dalder, S. 291 o. r.: M/imagebroker, S. 291 u.: G/Robert Harding, S. 292: look/Zielske, S. 293 o. l.: M/imagebroker, S. 293 o. r.: M/A, S. 293: Eisele Photos, S. 294 l.: M, S. 294/295: Eisele Photos, S. 295 o.: Eisele Photos, S. 296/297: M/imagebroker, S. 297 o. l.: M/imagebroker, S. 297 o. r.: M, S. 298 l. o.: M/Age, S. 298 l. u.: look/Jan Greue, S. 298/299 o.: M/A, S. 298/299 u.: M/A, S. 299 o. M.: M, S. 299 o. r.: M/A, S. 299 u. M.: M/imagebroker, S. 299 u. r.: Interfoto/Marco Schneiders, S. 300 l. o.: look/Zielske, S. 300 l. u.: look/Zielske, S. 300: look/Zielske, S. 301 l.: M/imagebroker, S. 301 r. o.: look/age, S. 301 r. u.: M/imagebroker, S. 302/303: A/Nagelstock, S. 303 o.: Bieker, S. 303 r.: M/A, S. 304 l. o.: look/Zielske, S. 304 l. u.: look/Zielske, S. 304/305: M/A, S. 305 o.: G/Altrendo, S. 306/ 307: C/Fridmar Damm, S. 308/309: Monheim/Markus Hilbich, S. 309 o l.: G/De Agostini, S. 309 o. r.: M/imagebroker, S. 310 o.: look/age, S. 310 u.: M/imagebroker, S. 311 o.: M/A, S. 311 u.: M/A, S. 312/313: M/imagebroker, S. 313 o. l.: M/imagebroker, S. 313 o. r.: M/imagebroker, S. 313 r.: Focus/Crandall, S. 314/315: C/PascalDeloche, S. 315 o. l.: G/Hulton Archive/Imagno, S. 315 o. r.: C/Pascal Deloche, S. 316/317: L/Frank Heuer, S. 317 o.: look/Andreas Strauss, S. 317 r. 1. v. o.: L/Loukas Hapsis/IML, S. 317 r. 2. v. o.: G/Gofong/Harding, S. 317 r. 3. v. o.: C/Keenpress, S. 317 r. 4. v. o.: M/A, S. 318/319: C/PascalDeloche, S. 320/321: M/A, S. 321 o.: M/A, S. 321 r. o.: M/A, S. 321 r. u.: M/A, S. 322/323: M/imagebroker, S. 323 o.: M/imagebroker, S. 323 r. 1. v. o.: M/imagebroker, S. 323 r. 2. v. o.: A/Imagebroker, S. 323 r. 3. v. o.: A/Imagebroker, S. 323 r. 4. v. o.: A/Imagebroker, S. 324 o. l.: M, S. 324 o. M.: M, S. 324/325 o.: M/imagebroker, S. 324 u.: look/Georg Knoll, S. 324/325 u.: look/Georg Knoll, S. 325 o. r.: M, S. 325 u.: M/imagebroker, S. 326 l.: A/Imagebroker, S. 326/327: M/imagebroker, S. 327 o.: M/imagebroker, S. 328/329 o.: A/Imagebroker, S. 328/329 u.: A/Insadco, S. 330/331: Bridgemanart, S. 331 o. l.: M, S. 331 o. r.: A/Imagebroker, S. 331 r.: L/Hemis, S. 332 l.: A1 Pix/Your Photo Today, S. 332/333: C/Massimo Listri, S. 333 o.: Okapia/Walter Geiersperger, S. 334 o. l.: M/imagebroker, S. 334 o. M.: M/imagebroker, S. 334 u.: A/Westend 61, S. 334/335 o.: M/imagebroker, S. 334/335 u.: M/imagebroker, S. 335 r. u.: M/imagebroker, S. 336/337: M/imagebroker, S. 337 o. l.: M, S. 337 o. r.: M/imagebroker, S. 337 r.: M/imagebroker, S. 338 o. l.: M, S. 338 o. r.: M/A, S. 338 u. l.: A/Monheim, S. 338 u. r.: M/imagebroker, S. 339 o.: A/Imagebroker, S. 339 u.: A/Insadco, S. 340 l.: M/A, S. 340/341: M/A, S. 341 o. l.: M/imagebroker, S. 341 o. r.: M/imagebroker, S. 342 o. l.: A/Imagebroker, S. 342 u. l.: M/A, S. 342 u. r.: M/A, S. 342/343 o.: A/Imagebroker, S. 343 r.: M/A, S. 343 u.: M/imagebroker, S. 344 l.: G/Stuart Dee, S. 344/345: M/A, S. 345 o. l.: A/Imagebroker, S. 345 o. r.: A/Imagebroker, S. 345 r.: A/Imagebroker, S. 346 o. l.: M/A, S. 346/347 o.: C/Grand Tour, S. 346/347 u.: C/Tibor Bognar, S. 347 o. r.: C/Farrell Grehan, S. 347 u. r.: A/Gregoy Vore, S. 348/349: A/Robert Harding, S. 349 o.: M/imagebroker, S. 349 r.: M/A, S. 350/351: M/A, S. 352 l.: M, S. 352 r.: M/imagebroker, S. 353 l.: M/A, S. 353 r.: M/A, S. 354/355 o.: M/A, S. 354/355 u.: G/Panoramic Images, S. 355 o. M.: M/A, S. 355 o. r.: M/A, S. 356 l.: Bieker, S. 356/357: C/Massimo Listri, S. 357 o.: G/Darryl Lenuik, S. 358/359: A/interfoto, S. 359 o.: A/Arco, S. 359 r.: M/A, S. 360 l.: M/A, S. 360/361: M/A, S. 361 o.: M, S. 362/363: A/F.Vrouenraths, S. 363 o.: M/A, S. 363 r.: M/A, S. 364 l.: M/Cubo, S. 364/365: M/A, S. 365 o.: M/Cubo, S. 366/367: M/A, S. 368/369: M/A, S. 369 o.: M/A, S. 369 r.: M/A, S. 370 l.: M/A, S. 370/371: M/A, S. 371 o. l.: M/A, S. 371 o. r.: M/A, S. 371 r.: M/A, S. 372/373: M/imagebroker, S. 373 o.: M/A, S. 374/375: M/A, S. 375 o.: M/A, S. 376 l.: Aura/Emanuel Ammon, S. 376 r.: zoonar/werner Richter, S. 377 o.: M/A, S. 377 u.: M/Cubo, S. 378 o. l.: L/Keystone Schweiz, S. 378 o. M.: M, S. 378 u. l.: Visum/Hermann Dornhege, S. 378/379 o.: L/Keystone Schweiz, S. 378/379 u.: F1online/Prisma, S. 380/381: A/Funkyfood London.

Impressum

Genehmigte Sonderausgabe für Verlagsgruppe Weltbild GmbH, Steinerne Furt, 86167 Augsburg

Cover: Kölner Dom, Hochaltar: © C/Svenja-Foto

Texte: Elke Eßmann, Dietmar Falk, Anne-Kathrin Funck, Dr. Natalie Göltenboth, Dr. Maria Guntermann, Ingrid Langschwert, Norbert Lewandowski, Dieter Löffler, Brigitte Lotz, Dr. Isabel Rith-Magni, Barbara Rusch, Eckard Schuster, Dr. Bianca Turtur, Walter M. Weiss

ISBN: 978-3-8289-5731-2

Printed in Slovakia